Diese Einführung in das Werk von Jorge Luis Borges enthält vier Essays, die aus verschiedenen Perspektiven und mit unterschiedlichen Ansätzen die Leistung und die Bedeutung von Jorge Luis Borges umreißen.

Der Nobelpreisträger Octavio Paz skizziert Borges' großen Einfluß auf die neuere spanischsprachige Literatur. Fritz Rudolf Fries versucht, eine literarisch-biographische Gesamtdarstellung von Borges' Leben und Werk zu geben. Marguerite Yourcenar befaßt sich mit besonderen Formen der Wahrnehmung von Realität und ihrem Ausdruck vor allem auch in Borges' Lyrik. Der Band beginnt mit einem autobiographischen Essay von Borges selbst und endet mit einer Chronik zu dessen Leben und Werk sowie dem Editionsplan der Werkausgabe, die ab Herbst 1991 im Fischer Taschenbuch Verlag erscheint.

Jorge Luis Borges (* 1899 Buenos Aires, † 1986 Genf) ist einer der wichtigsten Autoren des 20. Jahrhunderts; ohne sein wegweisendes und bahnbrechendes Werk wäre die moderne hispanische Literatur undenkbar. Die Vielfalt seiner Themen und die Perfektion seiner Formen in Erzählung, Essay und Lyrik machten ihn schon zu Lebzeiten zum Klassiker der Weltliteratur auch außerhalb der spanischsprachigen Welt. Mit Joyce und Proust teilt er die Auszeichnung, den Nobelpreis nicht bekommen zu haben.

Fritz Rudolf Fries (* 1935 Bilbao, Spanien), seit 1942 in Deutschland. Veröffentlichte einen Gedichtband, mehrere Romane und Übersetzungen, gab u.a. 1985/87 fünf Bände ausgewählter Werke von Jorge Luis Borges heraus (Leipzig/Weimar und Berlin); 1979 wurde er mit dem Heinrich-Mann-Preis, 1988 mit dem Marie-Luise-Kaschnitz-Preis ausgezeichnet.

Octavio Paz (* 1914 Mixcoax, Mexiko) vertrat sein Land als Diplomat in Europa, Indien und Japan. Seit 1931 hat er ein umfangreiches lyrisches und essayistisches Werk veröffentlicht (u.a. Das Labyrinth der Einsamkeit). 1984 erhielt er den Friedenspreis des Deutschen Buchhandels, 1990 den Nobelpreis für Literatur.

Marguerite Yourcenar (* 1903 Brüssel, † 1987 Mount Desert, USA) hat ein umfangreiches Werk von Romanen, Theaterstücken, Essays und Memoiren veröffentlicht. 1963 erhielt sie den Prix Combat, 1968 den Prix Fémina; 1980 wurde sie als erste Frau in die Académie Française aufgenommen. »Borges oder der Seher« war ihre letzte Vorlesung, gehalten am 14. Oktober 1987 in Harvard.

Die Herausgeber:

Gisbert Haefs (* 1950) studierte Hispanistik und Anglistik, verfaßte u.a. Hannibal (Roman, 1989), Freudige Ereignisse (Geschichten, 1990), Krimis und Hörspiele. Als Übersetzer und Herausgeber betreut er u.a. die deutschen Werkausgaben von Rudyard Kipling, Ambrose Bierce und Jorge Luis Borges.

Fritz Arnold (* 1916) studierte Kunst- und Literaturwissenschaft und veröffentlichte den Essayband Welt im Wort (1987). Er war freier Journalist und Redakteur (Neue Zeitung, Prisma, Thema, Perspektiven) sowie Lektor der Fischer Bücherei und bei den Verlagen Insel und Carl Hanser. Mitglied des PEN-Clubs und Mitbegründer der Münchner Autorenbuchhandlung.

Borges lesen

Mit Beiträgen von
Jorge Luis Borges, Fritz Rudolf Fries,
Octavio Paz, Marguerite Yourcenar
und Gisbert Haefs

Fischer Taschenbuch Verlag

Originalausgabe
Veröffentlicht im Fischer Taschenbuch Verlag GmbH,
Frankfurt am Main, November 1991

Quellennachweis auf Seit 159
Umschlaggestaltung: Buchholz/Hinsch/Hensinger
Umschlagabbildung: Eduardo Arroyo
›Esperanza y desesperanza de Angel Gavinet‹,
162 x 130 cm, 1977
Satz: Reinhard Amann, Aichstetten
Druck und Bindung: Clausen & Bosse, Leck
Printed in Germany
ISBN 3-596-11009-2

Inhalt

Mit 24 Jahren

Jorge Luis Borges
Autobiographischer Essay

Familie und Kindheit

Ich weiß nicht, ob meine ersten Erinnerungen zurückreichen ans östliche oder westliche Ufer des schlammigen, langsam fließenden Rio de la Plata – nach Montevideo, wo wir lange faule Ferientage im Landhaus meines Onkels Francisco Haedo verbrachten, oder nach Buenos Aires. Ich bin dort mitten im Herzen der Stadt im Jahre 1899 geboren, in der Tucumán-Straße, zwischen Suipacha und Esmeralda, in einem kleinen unscheinbaren Haus, das meinen Großeltern mütterlicherseits gehörte. Wie die meisten Häuser jener Tage hatte es ein flaches Dach; einen langen gewölbten Eingang, genannt *zaguán*; eine Zisterne, aus der wir unser Wasser holten; und zwei Patios. Wir müssen bald in den Vorort Palermo gezogen sein, da meine ersten Erinnerungen zu einem weiteren Haus mit zwei Patios reichen, zu einem Garten mit einer hohen Windmühlenpumpe und, auf der anderen Seite des Gartens, zu einem leeren Grundstück. Palermo gehörte in jener Zeit – das Palermo der Serrano- und Guatemala-Straße, wo wir wohnten – zu den schäbigen nördlichen Außenbezirken der Stadt, und viele Leute, die sich zu sagen genierten, daß sie dort lebten, sprachen verschwommen von Richtung Norden. Wir wohnten in einem der wenigen zweistöckigen Häuser unserer Straße; der Rest der Nachbarschaft bestand aus niedrigen Häusern und unbebauten Grundstücken. Ich habe von dieser Gegend oft als Slum gesprochen, meine das aber nicht im amerikanischen Sinne des Wortes. In Palermo wohnten sowohl schäbig-feine als auch weniger angesehene Leute. Es gab auch das Palermo der Strolche, genannt *compadritos*, die berüchtigt waren wegen ihrer Messerstechereien; aber dieses

Palermo ergriff erst später meine Phantasie, denn wir taten unser Bestes – erfolgreich Bestes –, es zu ignorieren. Im Gegensatz zu unserem Nachbarn Evaristo Carriego allerdings, der als erster argentinischer Dichter die literarischen Möglichkeiten nutzte, die dort auf der Hand lagen. Was mich betrifft, so war ich mir der Existenz der *compadritos* kaum bewußt, da ich mich hauptsächlich im Haus aufhielt.

Mein Vater, Jorge Guillermo Borges, war als Rechtsanwalt tätig. Er war ein philosophischer Anarchist – Schüler von Spencer – und außerdem Lehrer für Psychologie an der neusprachlichen Normalschule, an der er seine Kurse auf Englisch gab, wobei ihm als Text William James' kürzerer Leitfaden der Psychologie diente. Das Englisch meines Vaters geht zurück auf seine Mutter, Frances Haslam, die in Staffordshire geboren war und einer Northumberland-Familie entstammte. Durch eine ziemlich ungewöhnliche Kette von Umständen kam sie nach Südamerika. Fanny Haslams ältere Schwester heiratete einen italienisch-jüdischen Ingenieur namens Jorge Suárez, der die ersten von Pferden gezogenen Trambahnen in Argentinien einführte, wo er und seine Frau sich ansiedelten und wohin sie Fanny nachkommen ließen. Ich erinnere mich an eine dieses Abenteuer betreffende Anekdote. Suárez war Gast in General Urquizas »Palast« in Entre Ríos, als er äußerst unbedacht sein erstes Kartenspiel mit dem General gewann, der als gestrenger Diktator jener Provinz dem Durchschneiden von Kehlen nicht abhold war. Nach beendetem Spiel wurde Suárez von besorgten Gästen gesagt, daß man von ihm, wenn er die Genehmigung zum Betrieb seiner Trambahnen in dieser Provinz erreichen wolle, erwarte, jede Nacht eine gewisse Menge Goldmünzen zu verlieren. Urquiza war ein so mäßiger Spieler, daß Suárez seine liebe Not hatte, die vorgesehenen Summen zu verlieren.

In Paraná, der Hauptstadt von Entre Ríos, begegnete Fanny Haslam dem Obersten Francisco Borges. Das war im Jahre 1870 oder 1871, während der Belagerung der Stadt durch die *montoneros* oder Gaucho-Miliz des Ricardo López

Jordán. Der an der Spitze seines Regiments reitende Borges befehligte die die Stadt verteidigenden Truppen. Fanny Haslam sah ihn vom flachen Dach ihres Hauses aus; am gleichen Abend wurde zur Feier der eingetroffenen Entsatztruppen der Regierung ein Ball gegeben. Fanny und der Oberst lernten sich kennen, tanzten miteinander, verliebten sich und heirateten schließlich.

Mein Vater war der jüngere von zwei Söhnen. In Entre Ríos geboren, pflegte er meiner Großmutter, einer respektablen englischen Dame, zu erklären, daß er ja kein echter Entreriano sei, »weil ich in der Pampa gezeugt wurde«. Meine Großmutter soll mit englischer Zurückhaltung geantwortet haben: »Ich weiß überhaupt nicht, was du meinst.« Natürlich entsprachen meines Vaters Worte der Wahrheit, denn mein Großvater war in den frühen siebziger Jahren des neunzehnten Jahrhunderts Oberbefehlshaber der nördlichen und westlichen Grenzen der Provinz Buenos Aires gewesen. Als Kind hörte ich von Fanny Haslam viele Geschichten über das Grenz-Leben jener Tage. Eine davon schilderte ich in meiner ›Geschichte vom Krieger und der Gefangenen‹. Meine Großmutter hatte mit einer Reihe von Indianer-Häuptlingen gesprochen, deren ziemlich absonderliche Namen lauteten, wenn ich mich recht erinnere, Simón Coliqueo, Catriel, Pincén und Namuncurá. 1874, während eines unserer Bürgerkriege, fand mein Großvater, Oberst Borges, den Tod. Er war damals einundvierzig Jahre alt. Unter komplizierten Begleitumständen, die mit seiner Niederlage in der Schlacht von La Verde zusammenhingen, ritt er langsam aus, bekleidet mit einem weißen Poncho, gefolgt von zehn oder elf seiner Männer, in Richtung auf die feindlichen Linien, wo ihn zwei Remington-Geschosse niederstreckten. Zum ersten Mal wurden in Argentinien Remington-Gewehre benutzt, und es reizt meine Einbildungskraft, wenn ich bedenke, daß die Firma, die mich jeden Morgen rasiert, den gleichen Namen trägt wie die, die meinen Großvater tötete.

Fanny Haslam war eine große Leserin. Als sie über achtzig

war, sagten ihr die Leute aus Liebenswürdigkeit, es gäbe nun keine Schriftsteller mehr, die mit Dickens oder Thackeray wetteifern könnten. Meine Großmutter antwortete dann: »Ich ziehe eigentlich Arnold Bennett, Galsworthy und Wells vor.« Als sie 1935 im Alter von neunzig Jahren starb, rief sie uns zu sich und sagte in Englisch (ihr Spanisch war fließend, aber dürftig) mit ihrer dünnen Stimme: »Ich bin nur eine alte Frau, die ganz ganz langsam stirbt. Daran ist nichts Besonderes oder Interessantes.« Warum der gesamte Haushalt durcheinandergeriet, leuchtete ihr nicht ein, und sie entschuldigte sich, so lange zum Sterben zu brauchen.

Mein Vater war sehr intelligent und wie alle intelligenten Menschen sehr gütig. Er hat mich einmal gebeten, mein Augenmerk auf Soldaten, Uniformen, Kasernen, Flaggen, Kirchen, Priester und Metzgereien zu lenken, da dies alles langsam verschwinden würde und ich später meinen Kindern erzählen könnte, daß ich das wirklich noch gesehen hätte. Bisher hat sich diese Prophezeiung leider nicht bewahrheitet. Mein Vater war ein so bescheidener Mann, daß er am liebsten unsichtbar gewesen wäre. Obwohl er sehr stolz auf seine englische Abstammung war, machte er sich darüber lustig, indem er mit gespielter Ratlosigkeit sagte: »Was sind Engländer schon? Nichts als eine Horde deutscher Landarbeiter.« Seine Idole waren Shelley, Keats und Swinburne. Als Leser hatte er zwei Interessen. Erstens Bücher über Metaphysik und Psychologie (Berkeley, Hume, Royce und William James). Zweitens Literatur, und Bücher über den Osten (Lane, Burton und Payne). Er war es, der mir die Augen für die Macht der Dichtung öffnete – die Tatsache, daß Wörter nicht nur ein Mittel zur Kommunikation sind, sondern auch magische Symbole und Musik. Wenn ich heute Dichtung in Englisch rezitiere, so sagt mir meine Mutter, nähme ich genau seine Stimme an. Auch gab er mir, ohne sich dessen bewußt zu sein, meinen ersten Philosophie-Unterricht. Als ich noch ziemlich jung war, erläuterte er mir anhand eines Schachbretts die Paradoxa Zenons – Achilles und die Schildkröte, den unbeweg-

Jorge Guillermo Borges

Leonor Acevedo de Borges

lichen Flug des Pfeils, die Unmöglichkeit der Bewegung. Später, ohne Berkeleys Namen zu erwähnen, bemühte er sich, mir die Grundlagen des Idealismus beizubringen.

Meine Mutter, Leonor Acevedo de Borges, ist von alter uruguayischer und argentinischer Herkunft und mit vierundneunzig Jahren noch frisch und munter und eine gute Katholikin. Als ich aufwuchs, war Religion eine Sache für Frauen und Kinder; die meisten Männer in Buenos Aires waren Freidenker – wären sie gefragt worden, sie hätten sich jedoch vermutlich als Katholiken bezeichnet. Ich glaube, ich habe von meiner Mutter die Eigenschaft geerbt, das Beste von den Menschen zu denken, und ihren ausgeprägten Sinn für Freundschaft. Meine Mutter hatte immer einen aufnahmebereiten Geist. Seit der Zeit, da sie durch meinen Vater Englisch gelernt hatte, las sie fast ausschließlich in dieser Sprache. Als sie nach dem Tod meines Vaters feststellte, daß sie unfähig war, ihre Gedanken auf eine bedruckte Seite zu heften, versuchte sie William Saroyans *Menschliche Komödie* zu übersetzen, um sich zur Konzentration zu zwingen. Die Übersetzung fand ihren Weg zum Druck, und sie wurde dafür von einer armenischen Gesellschaft in Buenos Aires geehrt. Sie übersetzte später einige von Hawthornes Erzählungen, eines von Herbert Reads Büchern über Kunst und besorgte einige der Übersetzungen von Melville, Virginia Woolf und Faulkner, die mir zugeschrieben werden. Sie war für mich immer ein

Kamerad – besonders in späteren Jahren, als ich blind wurde – und eine verstehende und verzeihende Freundin. Jahrelang, bis vor kurzem, erledigte sie alle meine Büro-Arbeiten, beantwortete Briefe, las mir vor, schrieb meine Diktate und reiste mit mir zu vielen Veranstaltungen im In- und Ausland. Als ich noch nicht daran dachte, war sie es, die still und wirksam meinen literarischen Werdegang förderte.

Ihr Großvater war Oberst Isidoro Suárez, der 1824 im Alter von vierundzwanzig Jahren eine berühmte Attacke peruanischer und kolumbianischer Kavallerie anführte, die in der Schlacht von Junín in Peru die Wende brachte. Es war die vorletzte Schlacht im Südamerikanischen Unabhängigkeitskrieg. Wenngleich Suárez ein Vetter zweiten Grades von Juan Manuel de Rosas war, der von 1835 bis 1852 als Diktator Argentinien beherrschte, so zog er dennoch Exil und Armut in Montevideo dem Leben unter der Tyrannei in Buenos Aires vor. Sein Landbesitz wurde natürlich konfisziert und einer seiner Brüder hingerichtet. Ein weiteres Mitglied der Familie meiner Mutter war Francisco de Laprida, der 1816 in Tucumán, wo er im Kongreß den Vorsitz führte, die Unabhängigkeit der argentinischen Konföderation erklärte und 1829 in einem Bürgerkrieg fiel. Der Vater meiner Mutter, Isidoro Acevedo, nahm, wenn auch als Zivilperson, teil an den Kämpfen weiterer Bürgerkriege in den sechziger und achtziger Jahren des neunzehnten Jahrhunderts. So finde ich auf beiden Seiten meiner Familie Militärs als Vorfahren; dies mag meine Sehnsucht nach epischem Schicksal erklären, das mir meine Götter in fraglos weiser Voraussicht verwehrt haben.

Ich erwähnte bereits, daß ich einen großen Teil meiner Knabenzeit im Haus verbrachte. Da ich keine Kinderfreunde hatte, erfanden meine Schwester und ich zwei imaginäre Gefährten, die aus irgendeinem Grunde »Quilos« und »Die Windmühle« hießen. (Als sie uns schließlich langweilten, erzählten wir unserer Mutter, sie seien gestorben.) Ich war schon immer sehr kurzsichtig und trug eine Brille und war sehr zart. Da die meisten meiner Verwandten Soldaten gewesen waren – sogar der Bruder meines Vaters war Marine-Offizier – und ich wußte, daß ich keiner werden würde, schämte ich mich schon sehr früh, eine Art Bücherwurm zu sein und kein Mann der Tat. Während meiner ganzen Knabenzeit dachte ich, geliebt zu werden, sei ungerecht. Ich hatte nicht das Gefühl, besondere Liebe zu verdienen, und ich erinnere mich, daß ich mich an meinen Geburtstagen furchtbar schämte, weil mich jeder mit Geschenken überhäufte und ich fand, ich hätte sie nicht verdient – und sei ein Versager. Mit dreißig etwa überwand ich dieses Gefühl.

Zu Hause wurden für gewöhnlich Englisch und Spanisch gesprochen. Fragte man mich heute nach dem Hauptereignis in meinem Leben, so würde ich die Bibliothek meines Vaters nennen. Tatsächlich glaube ich manchmal, nie aus dieser Bibliothek hinausgefunden zu haben. Ich sehe sie noch vor mir. Sie nahm einen Raum für sich ein, hatte verglaste Regale und umfaßte wohl einige tausend Bände. Da ich so kurzsichtig war, habe ich die meisten Gesichter jener Zeit vergessen (selbst beim Gedanken an meinen Großvater Acevedo denke ich an seine Photographie), dabei erinnere ich mich lebhaft an viele Stahlstiche in *Chamber's Encyclopaedia* und in der *Britannica*. Der erste Roman, den ich ganz las, war *Huckleberry Finn*. Dann kam *Roughing It* und *Flush Days in California*. Ich las auch Bücher von Captain Marryat, Wells' *First Men in the Moon*, Poe, eine einbändige Ausgabe von Longfellow, *Die Schatzinsel*, Dickens, *Don Quijote*, *Tom Brown's School Days*, Grimms *Märchen*, Lewis Carroll, *The Adventures of Mr. Verdant Green* (ein heute vergessenes Buch), Burtons *Tausendundeine Nacht*. Burton, angefüllt mit dem, was man damals unter Obszönität verstand, war verboten, und ich mußte ihn auf dem Dach versteckt lesen. Aber ich war zu der Zeit so mitgerissen von seinem Zauber, daß ich von den anstößigen Stellen keine Notiz nahm, sondern die Geschichten las, ohne jeder weiteren Bedeutung gewahr zu werden. Alle erwähnten Bücher las ich in Englisch. Als ich den *Don Quijote* später im Original las, klang es mir wie eine schlechte Übersetzung. Ich erinnere mich noch an die roten Bände mit den Goldbuchstaben der Garnier-Ausgabe. Irgendwann wurde die Bibliothek meines Vaters aufgelöst, und als ich den *Quijote* in einer anderen Ausgabe las, hatte ich das Gefühl, es sei nicht der richtige *Quijote*. Später bat ich einen Freund, mir den Garnier mit denselben Stahlstichen, denselben Fußnoten und sogar denselben Druckfehlern zu besorgen. Alle diese Einzelheiten sind für mich Bestandteile des Buches; für mich ist das der echte *Quijote*.

In Spanisch las ich auch viele Bücher von Eduardo Gutiérrez über argentinische Gesetzlose und Desperados – unter ihnen besonders *Juan Moreira* – und seine *Militärischen Silhouetten*, die einen anschaulichen Bericht über Oberst Borges' Tod enthalten. Meine Mutter verbot mir, *Martín Fierro* zu lesen, da es nur ein Buch für Strolche und Schulbuben sei und nicht einmal von echten Gauchos handle. Auch das las ich heimlich. Ihre Gefühle gründeten auf der Tatsache, daß Hernández ein Unterstützer von Rosas gewesen war und damit ein Feind unserer Unitarier-Vorfahren. Ich las auch Sarmientos *Facundo*, viele Bücher über griechische und später norwegische Mythologie. An Dichtung geriet ich durchs Englische – Shelley, Keats, Fitzgerald und Swinburne, diese großen Lieblinge meines Vaters, die er ausgiebig zitieren konnte, was er häufig tat.

In der Familie meines Vaters war Literatur eine Tradition. Sein Großonkel Juan Crisóstomo Lafinur war einer der ersten argentinischen Dichter und hatte 1820 eine Ode auf den Tod seines Freundes General Manuel Belgrano geschrieben. Einer der Vettern meines Vaters, Álvaro Melián Lafinur, den ich von Kindheit an kannte, war ein führender Poeta Minor, der später Aufnahme in die Argentinische Akademie für Sprache und Dichtung fand. Meines Vaters Großvater mütterlicherseits, Edward Young Haslam, gab eine der ersten englischen Zeitungen in Argentinien heraus, das ›Southern Cross‹, und war Doktor der Philosophie oder der Literatur, was von beidem weiß ich nicht genau, der Universität Heidelberg. Haslam konnte sich Oxford oder Cambridge nicht lei-

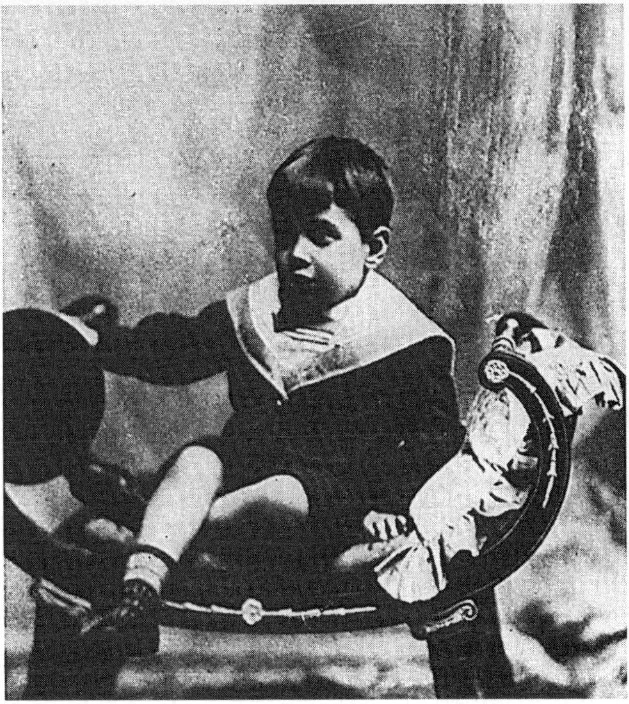

Mit 3 Jahren

sten, deshalb ging er nach Deutschland, wo er seinen Doktor machte, nachdem er das ganze Studium auf Latein absolviert hatte. Schließlich starb er in Paraná. Mein Vater schrieb einen Roman über die Geschichte von Entre Ríos, den er 1921 in Mallorca veröffentlichte. Er hieß *Der Caudillo.* Er schrieb außerdem (und vernichtete) ein Buch mit Essays und veröffentlichte eine Übersetzung von Fitzgeralds *Omar Khayyam*, im gleichen Metrum wie das Original. Er vernichtete ein Buch orientalischer Erzählungen – im Stile von *Tausendundeine Nacht* – und ein Drama *Hacia la nada* (›Dem Nichts entgegen‹), das von der Enttäuschung eines Mannes über seinen Sohn handelt. Er veröffentlichte ein paar schöne Sonette im Stile des argentinischen Dichters Enrique Banchs. Seit meiner Knabenzeit, bis mein Vater erblindete, wurde stillschweigend vorausgesetzt, daß ich das literarische Schicksal zu erfüllen habe, das die Umstände meinem Vater versagt hatten. Dies wurde für selbstverständlich gehalten (und dergleichen Dinge sind weitaus wichtiger als die, die man nur sagt). Man erwartete von mir, daß ich Schriftsteller würde.

Ich begann im Alter von sechs oder sieben Jahren zu schreiben. Ich versuchte spanische Klassiker zu imitieren – Miguel de Cervantes zum Beispiel. Ich hatte in ziemlich schlechtem Englisch eine Art Leitfaden der griechischen Mythologie verfaßt, zweifellos bei Lemprière gestohlen. Dies könnte als mein erstes literarisches Unternehmen gelten. Meine erste Erzählung war ein ziemlich unsinniges Stückchen à la Cervantes, eine altmodische Romanze namens *La visera fatal* (›Der verhängnisvolle Helm‹). Ich schrieb alles säuberlich in Hefte. Mein Vater mischte sich nie ein. Er wollte, daß ich alle meine Fehler selbst beginge und sagte einmal: »Kinder erziehen ihre Eltern, nicht umgekehrt.« Als ich ungefähr neun Jahre alt war, übersetzte ich Oscar Wildes *The Happy Prince* ins Spanische, und es wurde in einer der Tageszeitungen von Buenos Aires, ›El País‹, veröffentlicht. Da ich nur mit Jorge Borges unterzeichnet hatte, nahm man selbstverständlich an, die Übersetzung stamme von meinem Vater.

Es macht mir keinerlei Freude, mich an meine ersten Schultage zu erinnern. Zunächst einmal kam ich erst mit neun Jahren in die Schule, und zwar weil mein Vater als Anarchist allen staatlichen Institutionen mißtraute. Da ich eine Brille trug und einen Eton-Kragen mit Krawatte, wurde ich von den meisten meiner Klassenkameraden, die Amateur-Straßenlümmel waren, verhöhnt und tyrannisiert. Ich erinnere mich nicht an den Namen der Schule, aber mir ist im Gedächtnis geblieben, daß sie in der Thames-Straße lag. Mein Vater pflegte zu sagen, die argentinische Geschichte habe den Platz des Katechismus eingenommen, weshalb von uns erwartet wurde, daß wir alles, was argentinisch war, achteten. Uns wurde beispielsweise zuerst argentinische Geschichte beigebracht, bevor man uns irgendwelches Wissen gestattete über die vielen Länder und Jahrhunderte, die zu seiner Entstehung beigetragen hatten. Was das Aufsatzschreiben in Spanisch betrifft, so lernte ich, mich blütenreich auszudrükken: *»Aquellos que lucharon por una patria libre, independiente, gloriosa...«* (»Jene, die kämpften für ein freies, unabhängiges und ruhmreiches Vaterland...«) Später in Genf mußte ich mir sagen lassen, daß diese Art des Schreibens bedeutungslos sei und ich die Dinge mit eigenen Augen sehen müsse. Meine Schwester Norah, die 1901 geboren war, ging natürlich in eine Mädchenschule.

Während all dieser Jahre verbrachten wir unsere Sommer gewöhnlich draußen in Adrogué, zehn oder fünfzehn Meilen südlich von Buenos Aires, wo wir einen eigenen Besitz hatten – ein großes einstöckiges Haus mit Garten, zwei Gartenhäusern, einer Windmühle und einem struppigen braunen Schäferhund. Adrogué war damals ein verlorenes, ungestörtes Labyrinth von Sommerhäusern, umgeben von Eisenzäunen und steinernen gemeißelten Blumenbehältern auf den Torpfosten, von Parks und Straßen, die von den vielen Plazas her ausstrahlten, und vom allgegenwärtigen Duft der Eukalyptusbäume. Jahrzehntelang fuhren wir immer wieder nach Adrogué.

Meine erste praktische Erfahrung mit der Pampa stammt aus dem Jahre 1909, anläßlich eines Ausflugs, den wir zu einer Besitzung von Verwandten nahe San Nicolás, nordwestlich von Buenos Aires, unternahmen. Ich erinnere mich, daß das nächste Haus eine Art Klecks am Horizont war. Diese endlose Ferne hieß, wie ich feststellte, Pampa, und als ich erfuhr, daß die Gutsarbeiter Gauchos waren wie die Personen bei Eduardo Gutiérrez, da verlieh ihnen dies einen gewissen Glanz. Ich fand immer erst nach den Büchern zu den Dingen. Einmal dufte ich mit ihnen reiten, als sie frühmorgens das Vieh zum Fluß trieben. Die Männer waren klein und dunkel

Mit Schwester Norah, 1908

und trugen *bombachas*, eine Art weiter Pluderhosen. Als ich fragte, ob sie schwimmen könnten, antworteten sie: »Wasser ist fürs Vieh.« Meine Mutter schenkte der Tochter des Vorarbeiters eine Puppe in einer großen Pappschachtel. Als wir im nächsten Jahr wiederkamen, erkundigten wir uns nach dem kleinen Mädchen. »Welche Freude hat ihr die Puppe gemacht!« sagten sie. Und sie wurde uns gezeigt, immer noch in ihrer Schachtel, an die Wand genagelt wie ein Heiligenbild. Das Mädchen durfte sie natürlich nur anschauen, nicht anfassen, denn sie hätte sie beschmutzen oder zerbrechen können. Da hing sie, hoch oben, vor Beschädigung sicher, von weitem verehrt. Lugones hat beschrieben, daß er in Córdoba, bevor es Zeitschriften gab, in Gaucho-Hütten oft eine als Bild an die Wand genagelte Spielkarte gesehen hat. Die Herz-Vier mit dem kleinen Löwen und zwei Türmen war besonders begehrt. Ich glaube, bevor ich nach Genf ging, fing ich an, ein Gedicht über Gauchos zu schreiben, wahrscheinlich unter dem Einfluß des Dichters Ascasubi. Ich versuchte so viele Gaucho-Wörter wie möglich darin unterzubringen, aber ich war den technischen Schwierigkeiten nicht gewachsen. Über einige Strophen kam ich nie hinaus.

Europa

1914 gingen wir nach Europa. Meines Vaters Augenlicht begann zu schwinden, und ich erinnere mich seiner Worte: »Wie um alle Welt soll ich juristische Papiere unterzeichnen, wenn ich sie nicht lesen kann?« Zu frühem Ruhestand gezwungen, plante er innerhalb von genau zehn Tagen unsere Reise. Die Welt war damals nicht mißtrauisch; es gab weder Pässe noch sonstigen Bürokratismus. Erst verbrachten wir ein paar Wochen in Paris, einer Stadt, die mich weder damals noch seitdem so gereizt hat wie sonst jeden guten Argentinier.

Vielleicht war ich, ohne es zu wissen, schon immer ein bißchen Brite; tatsächlich denke ich an Waterloo immer als an Sieg. Der Sinn unserer Reise war der Besuch einer Schule in Genf für meine Schwester und mich; wir sollten bei meiner Großmutter mütterlicherseits wohnen, die mit uns fuhr und schließlich dort auch gestorben ist, während meine Eltern den Kontinent bereisten. Gleichzeitig sollte mein Vater von einem berühmten Genfer Augenarzt behandelt werden. Europa war damals billiger als Buenos Aires, und argentinisches Geld hatte einigen Wert. Von Geschichte allerdings verstanden wir so wenig, daß wir nicht ahnten, daß im August der Erste Weltkrieg ausbrechen würde. Meine Mutter und mein Vater waren in Deutschland, als das geschah, aber es gelang ihnen, zu uns nach Genf zurückzukehren. Ein Jahr später ungefähr konnten wir trotz des Krieges über die Alpen nach Norditalien reisen. Ich erinnere mich deutlich an Verona und Venedig. Im weiten leeren Amphitheater von Verona rezitierte ich laut und kühn verschiedene Gaucho-Verse von Ascasubi.

In jenem ersten Herbst – 1914 – kam ich in das von Johann Calvin gegründete Gymnasium von Genf. Es war eine Tagesschule. In meine Klasse gingen wohl vierzig Schüler; gut die Hälfte davon waren Ausländer. Das Hauptunterrichtsfach war Latein, und wie ich bald bemerkte, konnte man andere Fächer ein bißchen vernachlässigen, solange man in Latein gut war. Alles andere, wie Algebra, Chemie, Physik, Mineralogie, Botanik, Zoologie, wurde auf Französisch gelehrt. Ich bestand alle Examen in dem Jahr erfolgreich, außer in Französisch. Ohne mein Wissen reichten meine Klassenkameraden eine Bittschrift ein, die sie alle unterzeichnet hatten. Sie betonten, daß ich alle Fächer auf Französisch hätte studieren müssen, einer Sprache, die ich ebenfalls erst lernen mußte. Sie baten den Direktor, das zu berücksichtigen, was er freundlicherweise tat. Anfangs hatte ich nicht einmal verstanden, wenn ein Lehrer mich aufrief, denn mein Name wurde französisch ausgesprochen, in einer Silbe im Gegensatz zu zwei

Silben in unserer Aussprache, wo das »g« wie ein deutsches »ch« klingt. Immer wenn ich antworten sollte, stießen mich meine Klassenkameraden an.

Wir lebten in einer Wohnung des südlichen, alten Teils der Stadt. Noch heute kenne ich Genf viel besser als Buenos Aires, was leicht durch die Tatsache zu erklären ist, daß sich in Genf keine zwei Straßenecken ähneln und man schnell die Unterschiede wahrnimmt. Ich ging täglich an dem grünen eisigen Fluß, der Rhone, entlang, die mitten durchs Herz der Stadt fließt, überspannt von sieben ganz verschiedenen Brücken. Die Schweizer sind recht selbstherrlich und überheblich. Meine beiden Busenfreunde waren polnisch-jüdischer Herkunft – Simon Jichlinski und Maurice Abramowicz. Einer wurde Rechtsanwalt und der andere Physiker. Ich lehrte sie *truco* spielen, was sie so gut und schnell begriffen, daß sie mir am Ende unseres ersten Spiels keinen Pfennig ließen. Ich wurde ein guter Lateinschüler, während ich privat meist weiter Englisch las. Zu Hause sprachen wir Spanisch, aber das Französisch meiner Schwester war bald so gut, daß sie sogar auf Französisch träumte. Ich erinnere mich, wie meine Mutter eines Tages heimkam und Norah hinter einem roten Plüschvorhang versteckt fand, angsterfüllt schreiend: *»Une mouche, une mouche!«* Offensichtlich hatte sie die französische Ansicht übernommen, daß Fliegen gefährlich seien. »Komm da mal raus«, sagte meine Mutter ziemlich unpatriotisch. »Du bist zwischen Fliegen geboren und aufgewachsen!« Wegen des Krieges – abgesehen von den Reisen nach Italien und Fahrten innerhalb der Schweiz – reisten wir nicht. Später, deutschen Unterseebooten trotzend und in Begleitung von nur vier oder fünf anderen Passagieren, gesellte sich meine englische Großmutter zu uns.

Auf eigene Faust studierte ich außerhalb der Schule Deutsch. Dieses Unterfangen war eine Folge von Carlyles *Sartor Resartus*, der mich verwirrte und zugleich begeisterte. Der Held, Diogenes Teufelsdröckh, ist deutscher Professor des Idealismus. Ich suchte in der deutschen Literatur nach etwas

Germanischem, verwandt mit Tacitus, aber das sollte ich erst später im Alt-Englischen und Alt-Norwegischen finden. Die deutsche Literatur stellte sich als romantisch und kränklich heraus. Zuerst versuchte ich es mit Kants *Kritik der reinen Vernunft*, streckte aber bald die Waffen, wie die meisten Leute – einschließlich der meisten Deutschen. Dann glaubte ich, Gedichte würden ihrer Kürze wegen leichter sein. So griff ich zu einem Band von Heines frühen Gedichten, dem *Lyrischen Intermezzo*, und zu einem deutsch-englischen Lexikon. Nach und nach, dank Heines einfachem Vokabular, kam ich ohne Lexikon aus. Bald hatte ich mir den Weg zum Liebreiz der Sprache gebahnt. Es gelang mir ebenfalls, Meyrinks Roman *Der Golem* zu lesen. (Als ich 1969 in Israel war, sprach ich über die böhmische Legende des Golem mit Gershom Scholem, einem führenden Gelehrten des jüdischen Mystizismus, dessen Namen ich zweimal verwendet hatte, als einzig mögliches Reimwort in einem eigenen Gedicht über den Golem.) Ich versuchte mich für Jean Paul zu interessieren, eigentlich wegen Carlyle und De Quincey – etwa um 1917 herum –, aber bald merkte ich, daß er mich sehr langweilte. Jean Paul kam mir, trotz seiner beiden englischen Verfechter, besonders langatmig vor, fast leidenschaftslos. Der deutsche Expressionismus interessierte mich jedoch stark, und ich halte ihn immer noch für wichtiger als andere zeitgenössische Schulen, den Imagismus, Kubismus, Futurismus, Surrealismus und so weiter. Einige Jahre später versuchte ich in Madrid ein paar der ersten, wahrscheinlich einzigen Übersetzungen einer Reihe expressionistischer Dichter ins Spanische.

Irgendwann, in der Schweiz, begann ich Schopenhauer zu lesen. Müßte ich heute einen einzigen Philosophen wählen, ich würde ihn wählen. Wenn das Rätsel des Weltalls in Worten auszudrücken ist, so glaube ich, daß diese Worte in seinen Schriften zu finden sind. Ich habe ihn auf Deutsch immer wieder gelesen und, zusammen mit meinem Vater und seinem engen Freund Macedonio Fernández, in Übersetzung. Ich finde immer noch, daß Deutsch eine schöne Sprache ist – vielleicht schöner als die Literatur, die sie hervorgebracht hat. Das Französische besitzt paradoxerweise eine bedeutende Literatur, trotz der Vorliebe für Schulen und Richtungen, während ich die Sprache selbst ziemlich häßlich finde. Die Dinge klingen leicht trivial, wenn man sie in Französisch ausdrückt. Wirklich, ich halte Spanisch sogar für die bessere der beiden Sprachen, obwohl spanische Wörter viel zu lang und schwerfällig sind. Als argentinischer Schriftsteller muß ich mich des Spanischen bedienen, weshalb ich mir seiner Unzulänglichkeiten nur allzu bewußt bin. Ich erinnere mich, daß Goethe schrieb, er müsse mit der schlimmsten Sprache der Welt umgehen – der deutschen. Ich glaube, die meisten Schriftsteller denken so über die Sprache, mit der sie zu kämpfen haben. Was das Italienische betrifft, so habe ich *Die Göttliche Komödie* immer wieder gelesen, in mehr als einem Dutzend verschiedener Ausgaben. Ich habe auch Ariost gelesen, Tasso, Croce und Gentile, aber ich kann Italienisch überhaupt nicht sprechen, noch einem italienischen Stück oder Film folgen.

Ebenfalls in Genf geriet ich zum ersten Mal an Walt Whitman, und zwar durch eine deutsche Übersetzung von Johannes Schlaf (*»As I have walk'd in Alabama my morning walk«* – »Als ich in Alabama meinen Morgengang machte«). Natürlich kam es mir absurd vor, einen amerikanischen Dichter in Deutsch zu lesen, und ich bestellte mir daher ein Exemplar der *Leaves of Grass* in London. Ich weiß noch – es war grün gebunden. Eine Zeitlang hielt ich Whitman nicht nur für einen großen Dichter, sondern für den Dichter überhaupt. Ich fand tatsächlich, daß alle Dichter der Welt bis 1855 nur zu Whitman hingeführt hatten, und ihn nicht nachzuahmen hielt ich für ein Zeichen von Ignoranz. Das gleiche Gefühl hatte ich schon bei Carlyles Prosa gehabt, die mir heute unerträglich ist, und bei der Dichtung von Swinburne. Das waren Phasen, die ich durchlief. Später sollte ich, überwältigt durch bestimmte andere Schriftsteller, weitere ähnliche Erfahrungen machen.

Wir blieben bis 1919 in der Schweiz. Nach drei oder vier

Jahren Genf verbrachten wir ein Jahr in Lugano. Ich hatte bereits mein Abitur gemacht, und es galt nun als abgemacht, daß ich mich der Schriftstellerei widmen würde. Als ich meinem Vater meine Manuskripte zeigen wollte, sagte er, er halte nichts von Ratschlägen und ich müsse mich selbst durch alle Prüfungen und Irrtümer arbeiten. Ich hatte englische und französische Sonette geschrieben. Die englischen Sonette waren klägliche Imitationen von Wordsworth, und die französischen mitsamt ihrer Wäßrigkeit ahmten symbolistische Dichtung nach. Ich erinnere mich noch einer Zeile meines französischen Versuchs: *»Petite boîte noire pour le violon cassé.«* Das Ganze war überschrieben: *»Poème pour être récité avec un accent russe.«* Weil ich wußte, daß ich das Französisch eines Ausländers schrieb, fand ich einen russischen Akzent noch besser als einen argentinischen. Bei meinen englischen Versuchen übte ich mich gern in verschiedenen Manierismen des achtzehnten Jahrhunderts, wie *»o'er«* statt *»over«*, und zugunsten metrischer Bequemlichkeit *»doth sing«* statt *»sings«*. Bei alledem wußte ich, daß Spanisch mein unumgängliches Schicksal sein würde.

Wir beschlossen heimzukehren, wollten vorher aber noch etwa ein Jahr in Spanien verbringen. Spanien wurde damals von den Argentiniern erst langsam entdeckt. Bis dahin umgingen sogar bedeutende Schriftsteller wie Leopoldo Lugones und Ricardo Güiraldes Spanien bei ihren Europareisen. Das war keine Laune. Die Spanier in Buenos Aires hatten immer die niederen Berufe inne – als Hausdiener, Kellner und Arbeiter –, oder sie waren kleine Kaufleute, während wir Argentinier selbst uns nie für Spanier hielten. Seit dem Jahre 1816, als wir unsere Unabhängigkeit von Spanien erklärten, hatten wir aufgehört, Spanier zu sein. Als ich, noch ein Knabe, Prescotts *Eroberung von Peru* las, war ich erstaunt über seine romantische Darstellung der Konquistadoren. Für mich, der ich von einigen dieser Beamten abstamme, waren sie eine uninteressante Sippschaft. Lateinamerikaner sahen mit französischen Augen die Spanier pittoresk, indem sie im

Die Eltern, 1938

Sinne von García Lorcas Requisiten über sie dachten – Zigeuner, Stierkämpfe und maurische Architektur. Obgleich wir Spanisch sprachen und überwiegend spanisches und portugiesisches Blut hatten, hielt meine eigene Familie unsere Reise nie für eine Art Rückkehr nach Spanien, nach einer Abwesenheit von gut drei Jahrhunderten.

Wir gingen nach Mallorca, weil es billig und schön war und es außer uns kaum Touristen gab. Wir lebten dort fast ein ganzes Jahr, in Palma und Valldemosa, einem Dorf hoch oben in den Bergen. Ich setzte mein Lateinstudium fort, diesmal unter der Anleitung eines Priesters, der mir sagte, da das Angeborene seinen Bedürfnissen genüge, sei er nie versucht gewesen, einen Roman zu lesen. Wir nahmen Vergil durch, den ich noch immer hoch schätze. Die Inselbewohner erstaunte ich durch mein gutes Schwimmen, das ich in schnellen Flüssen wie dem Uruguay und der Rhone gelernt hatte, während die Mallorquiner nur an das ruhige flutlose Meer gewöhnt waren. Mein Vater schrieb an seinem Roman, der zurückführte in die alten Zeiten des Bürgerkriegs der siebziger Jahre des neunzehnten Jahrhunderts in seinem heimatlichen Entre Ríos. Ich weiß noch, wie ich ihm ein paar ziemlich schlechte, von deutschen Expressionisten entliehene Metaphern empfahl, die er aus Nachgiebigkeit verwendete. Er ließ an die fünfhundert Exemplare von seinem Buch drucken, die er alle mit nach Buenos Aires nahm, wo er sie Freunden schenkte. Sooft das Wort »Paraná« – seine Heimatstadt – im Manuskript auftauchte, hatten die Drucker es, im Glauben, sie berichtigten einen Fehler, in »Panamá« verändert. Um sie nicht zu kränken und auch weil er sah, daß es so komischer war, ließ er es dabei bewenden. Ich bereue heute meine jugendliche Einmischung in das Buch. Siebzehn Jahre später, bevor er starb, sagte er mir, er würde sich freuen, wenn ich den Roman noch einmal schriebe, einfach, ohne Verzierungen und Schönheitspflaster. Ich selbst schrieb gleichzeitig eine Erzählung über einen Werwolf, die ich der volkstümlichen Madrider Zeitschrift ›La Esfera‹ einsandte, deren Verleger sie klugerweise ablehnten.

Den Winter 1919–20 verbrachten wir in Sevilla, wo ich mein erstes Gedicht gedruckt sah. Es hieß ›Hymne auf das Meer‹ und erschien in der Zeitschrift ›Grecia‹, in der Nummer vom 31. Dezember 1919. Ich versuchte in dem Gedicht mein möglichstes, ein Walt Whitman zu sein:

Oh Meer! Oh Mythe! Oh Sonne! Oh weiter Ruheort!
Ich weiß warum ich dich liebe. Ich weiß, daß wir beide sehr
alt sind,
daß wir einander seit Jahrhunderten kennen...
Oh Vielgestaltiger, ich bin aus dir geboren –
Wir beide angekettet und wandernd,
wir beide sternenhungrig,
wir beide voller Hoffnungen und Enttäuschungen...!

Heute denke ich kaum noch so sternenhungrig ans Meer, auch nicht an mich. Jahre später, als ich an Arnold Bennetts Formulierung »das drittrangig Grandiose« geriet, verstand ich sofort, was er meinte. Und dennoch, nach diesem einzigen abgedruckten Gedicht von mir hielt man mich, als ich ein paar Monate später in Madrid ankam, für einen Sänger des Meeres.

In Sevilla stieß ich zu der literarischen Gruppe, die sich um ›Grecia‹ gebildet hatte. Diese Gruppe, die sich selbst »Ultraisten« nannte, hatte sich die Erneuerung der Literatur zum Ziel gesetzt, eines Kunstzweigs, von dem sie sozusagen nichts verstand. Einer von ihnen sagte mir einmal, daß er außer der Bibel, Cervantes, Darío und einem oder zwei Büchern des Meisters Rafael Cansinos-Asséns nichts gelesen habe. Meinem argentinischen Verstand war es ein Rätsel zu erfahren, daß sie weder Französisch sprachen noch die leiseste Ahnung davon hatten, daß so etwas wie englische Literatur existierte. Ich wurde sogar einer dort angesehenen Persönlichkeit vorgestellt, im Volksmund »der Humanist« genannt, brauchte aber nicht lange, um festzustellen, daß seine Lateinkenntnisse weitaus geringer waren als meine. Was ›Grecia‹ selbst betraf, so ließ sich der Herausgeber Isaac del Vando Villar seine sämtlichen Gedichte von dem einen oder anderen seiner Assistenten schreiben. Ich erinnere mich, wie einer von ihnen eines Tages sagte: »Ich bin sehr beschäftigt – Isaac schreibt gerade ein Gedicht.«

Wir gingen anschließend nach Madrid, und dort war die Freundschaft mit Rafael Cansinos-Asséns für mich ein großes Erlebnis. Noch heute betrachte ich mich gern als seinen Schüler. Er stammte aus Sevilla, wo er für das Priesteramt ausgebildet worden war, entschloß sich aber, Jude zu sein, nachdem er in den Inquisitions-Archiven den Namen Cansinos entdeckt hatte. So kam er zum Hebräisch-Studium und ließ sich später sogar beschneiden. Literatenfreunde aus Andalusien brachten mich mit ihm zusammen. Ich gratulierte ihm schüchtern zu einem Gedicht, das *er* über das Meer geschrieben hatte. »Ja«, sagte er, »und wie gerne würde ich es sehen, bevor ich sterbe.« Er war ein hochgewachsener Mann mit der andalusischen Verachtung für alles Kastilische. Das Bemerkenswerteste an Cansinos war, daß er ausschließlich für die Literatur lebte, ohne Streben nach Geld oder Ruhm. Er war ein ausgezeichneter Dichter und schrieb ein – hauptsächlich erotisches – Buch Psalmen namens *El candelabro de los siete brazos* (›Der siebenarmige Leuchter‹), das 1915 erschien. Er schrieb auch Romane, Erzählungen und Essays und stand, als ich ihn kennenlernte, einem literarischen Zirkel vor.

Ich ging jeden Samstag ins Café Colonial, wo wir uns um Mitternacht trafen und bis zum Tagesanbruch unterhielten. Manchmal waren bis zu zwanzig oder dreißig von uns anwesend. Jedes spanische Lokalkolorit – *cante jondo* und Stierkämpfe – wurde von der Gruppe verachtet. Man bewunderte amerikanischen Jazz und war mehr daran interessiert, Europäer zu sein als Spanier. Cansinos schlug ein Thema vor: die Metapher, freier Vers, traditionelle Formen der Dichtung, erzählende Dichtung, das Adjektiv, das Verb. Auf seine eigene stille Art war er ein Diktator, der keine unfreundlichen Anspielungen auf zeitgenössische Schriftsteller duldete und stets versuchte, die Gespräche auf hohem Niveau zu halten.

Cansinos war ein großer Leser. Er hatte De Quinceys *Opium-Esser* übersetzt und aus dem Griechischen die *Selbstbekenntnisse des Mark Aurel*, Romane von Barbusse und Schwobs *Vies imaginaires*. Später übersetzte er noch den ganzen Goethe und Dostojewski. Von ihm stammt auch die erste spanische Version von *Tausendundeine Nacht*, die verglichen mit Burtons oder Lanes Fassung eine sehr freie Übertragung ist, sich dafür aber angenehmer liest. Anläßlich eines Besuches führte er mich in seine Bibliothek. Das heißt, sein ganzes Haus war eigentlich eine einzige Bibliothek. Es war, als bahne man sich seinen Weg durch einen Wald. Da er für Regale zu arm war, hatte er vom Boden bis zur Decke ein Buch aufs andere gestapelt, so daß man sich zwischen senkrechten Säulen hindurchschlängeln mußte. Cansinos schien mir all die europäische Vergangenheit zu sein, die ich gerade ablegte – etwas wie das Symbol aller Kultur, westlicher wie östlicher. Eine gewisse Perversität jedoch hinderte ihn daran, mit seinen führenden Zeitgenossen auszukommen. Er pries in seinen Büchern nämlich verschwenderisch zweit- und drittrangige Schriftsteller. Ortega y Gasset war damals auf der Höhe seines Ruhms, Cansinos jedoch hielt ihn für einen schlechten Philosophen und schlechten Schriftsteller. Mir vermittelte er vor allem das Vergnügen an literarischer Unterhaltung. Auch fühlte ich mich durch ihn zu ausschweifender Lektüre angeregt. Beim Schreiben begann ich ihn nachzuäffen. Er schrieb lange fließende Sätze, die unspanisch, aber stark hebräisch gewürzt waren.

Merkwürdigerweise war es Cansinos, der 1919 den Ausdruck »Ultraismus« erfunden hatte. Er fand, die spanische Literatur sei immer hinter der Zeit zurück gewesen. Unter dem Pseudonym Juan Las schrieb er ein paar kurze, lakonische Ultraisten-Stücke. Das Ganze – wie ich jetzt begreife – entstand aus einem gewissen Spott heraus. Aber wir Anfänger nahmen alles sehr ernst. Ein anderer ernsthafter Jünger war Guillermo de Torre, den ich in jenem Frühling in Madrid kennenlernte und der neun Jahre später meine Schwester Norah heiratete.

Damals gab es in Madrid eine weitere Gruppe, die sich um Ramón Gómez de la Serna scharte. Ich gesellte mich nur einmal zu ihr, da mir ihr Gehabe mißfiel. Sie hatten dort einen Narren, der an seinem Armband eine Rassel trug. Er mußte den Leuten die Hände schütteln, wobei die Rassel rasselte, und Gómez de la Serna sagte dann unweigerlich: »Wo ist die Schlange?« Das sollte witzig sein. Einmal wandte er sich stolz zu mir und bemerkte: »So was haben Sie in Buenos Aires wohl noch nie gesehen, oder?« Gottlob konnte ich das zugeben.

Ich schrieb zwei Bücher in Spanien. Eins davon war ein Essayband, der – ich frage mich heute warum – *Los naipes del tahúr* (›Die Karten des Zinkers‹) hieß. Es waren literarische und politische Essays (ich war noch Anarchist und Freidenker und für den Pazifismus), geschrieben unter dem Einfluß von Pío Baroja. Ihr Ziel war Bitternis und Unnachgiebigkeit, aber in Wirklichkeit waren sie ganz zahm. Ich gefiel mir im Gebrauch von Wörtern wie »Irre«, »Dirnen«, »Lügner«. Da es mir nicht gelang, einen Verleger zu finden, vernichtete ich das Manuskript bei meiner Rückkehr nach Buenos Aires. Das andere Buch hieß entweder ›Die roten Psalmen‹ oder ›Die roten Rhythmen‹. Es war eine Sammlung von ungefähr zwanzig Gedichten in freiem Versmaß zum Lob der russischen Revolution, der Brüderlichkeit unter den Menschen und des Pazifismus. Drei oder vier davon druckten Zeitschriften – ›Bolschewistisches Epos‹, ›Schützengräben‹, ›Rußland‹. Auch dieses Buch vernichtete ich in Spanien am Vorabend unserer Abreise. So war ich bereit für die Heimkehr.

Buenos Aires

Gegen Ende März 1921 kehrten wir auf der *Reina Victoria Eugenia* nach Buenos Aires zurück. Nachdem ich in so vielen europäischen Städten gelebt hatte – nach all den Erinnerungen an Genf, Zürich, Nîmes, Córdoba und Lissabon –, war ich erstaunt, wie sehr meine Heimatstadt gewachsen war und sich zu einer fast endlosen Stadt niedriger Gebäude mit flachen Dächern ausgedehnt hatte, die sich nach Westen bis in die von Geographen und Literaten so genannte Pampa erstreckte. Es war mehr als eine Heimkehr; es war eine Wiederentdeckung. Ich konnte Buenos Aires eifrig und begierig betrachten, da ich so lange abwesend war. Wäre ich nie in Übersee gewesen, ich hätte es kaum mit dem sonderbaren Erschrecken und der Glut wahrgenommen, die es mir jetzt verursachte. Die Stadt – wenn auch nicht die ganze, so doch verschiedene Gegenden, die für mich gefühlsmäßig bedeutsam wurden – inspirierte die Gedichte meines ersten veröffentlichten Buches, *Fervor de Buenos Aires* (›Buenos Aires mit Inbrunst‹).

Ich schrieb diese Gedichte 1921 und 1922, der Band erschien 1923. Das Buch wurde tatsächlich in fünf Tagen gedruckt; der Druck eilte, weil wir nach Europa zurückkehren mußten. (Mein Vater wollte seinen Genfer Arzt wegen seines Augenlichts konsultieren.) Ich hatte vierundsechzig Seiten ausgehandelt; da das Manuskript zu lang war, wurden in letzter Minute – gnädigerweise – fünf Gedichte ausgelassen. Ich kann mich an keine Einzelheit davon mehr erinnern. Das Buch wurde mit einer gewissen Jungenhaftigkeit hergestellt. Ich hatte keine Druckfahnen gelesen, es gab kein Inhaltsverzeichnis, und die Seiten blieben unnumeriert. Meine Schwester fertigte einen Holzschnitt für den Buchdeckel, und es wurden dreihundert Exemplare gedruckt. Ein Buch veröffentlichen war damals eine Art Privatunternehmung. Ich wäre nie auf die Idee gekommen, Exemplare an Buchhändler oder für Besprechungen einzuschicken. Die meisten verschenkte ich einfach. Ich erinnere mich an eine meiner Verteilungsmethoden. Nachdem ich herausgefunden hatte, daß viele Leute, die in den Büros von ›Nosotros‹ – eine der älteren solideren literarischen Zeitschriften damaliger Zeit – zu tun hatten, ihre Mäntel in die Garderobe hängten, brachte ich Alfredo Bianchi, einem der Herausgeber, fünfzig oder hundert Exemplare. Bianchi sah mich verwundert an und sagte: »Erwarten Sie, daß ich diese Bücher für Sie verkaufe?« Ich antwortete: »Nein, ich habe sie zwar geschrieben, aber verrückt bin ich nicht. Ich wollte Sie nur bitten, ein paar Bücher in die Manteltaschen da draußen zu stecken.« Was er großzügigerweise tat. Als ich nach einem Jahr Abwesenheit wiederkam, stellte ich fest, daß einige der Mantelbewohner meine Gedichte gelesen hatten, und einige davon hatten sogar über sie geschrieben. Tatsächlich gelangte ich auf diese Weise zu einem bescheidenen Ruf als Dichter.

Das Buch war vorwiegend romantisch, obwohl es in eher dürrem Stil geschrieben war und von lakonischen Metaphern wimmelte. Es verherrlichte Sonnenuntergänge, einsame Orte und unwirtliche Winkel; es verstieg sich in Berkeleys Metaphysik und in Familiengeschichte; es rief frühe Liebschaften wach. Gleichzeitig ahmte ich auch Spaniens siebzehntes Jahrhundert nach, und im Vorwort zitierte ich Sir Thomas Brownes *Religio Medici.* Ich fürchte, das Buch war ein Plumpudding – es war einfach zuviel drin. Und dennoch, wenn ich zurückblicke, so bin ich wohl nie über dieses Buch hinausgekommen. Ich glaube, daß alles folgende Schreiben nur Themen entwickelte, die ich hier zum ersten Mal aufgenommen hatte; ich glaube, daß ich im Laufe meines Lebens dieses eine Buch immer wieder geschrieben habe.

Waren die Gedichte in *Fervor de Buenos Aires* ultraistische Dichtung? Als ich 1921 aus Europa zurückkam, schwenkte ich das Banner des Ultraismus. Unter Literaturhistorikern bin ich noch immer bekannt als »der Vater des argentinischen Ultraismus«. Unterhielt ich mich damals mit befreundeten Dichtern wie Eduardo González Lanuza, Norah Lange, Fran-

Umschläge von Norah Borges

cisco Piñero, meinem Vetter Guillermo Juan (Borges) und Roberto Ortelli, so kamen wir zu dem Ergebnis, daß der spanische Ultraismus – nach der Art des Futurismus – überladen war von Modernität und Spielereien. Uns beeindruckten weder Eisenbahnzüge noch Propeller, Flugzeuge oder Ventilatoren. Wir vertraten in unseren Manifesten zwar noch das Primat der Metapher und die Tilgung von Übergängen und ausschmückenden Adjektiven, aber wir wollten Dichtung an sich schreiben – Gedichte jenseits des Hier und Jetzt, frei von Lokalkolorit und zeitgenössischen Gegebenheiten. Ich glaube, das Gedicht ›Schlichtheit‹ veranschaulicht hinreichend, was ich persönlich anstrebte:

Die Gittertür des Gartens öffnet sich
mit der Fügsamkeit der Seite,
die von häufiger Neigung befragt wird,
und drinnen brauchen die Blicke
sich nicht auf Gegenstände zu heften,
die längst genau im Gedächtnis haften.

Ich kenne die Gebräuche und die Seelen
und diesen Dialekt von Anspielungen,
wie ihn jede Menschengruppe entwickelt.
Ich muß nicht reden
noch Vorrechte heucheln;
gut kennen mich, die hier um mich sind,
gut kennen sie meine Ängste und Schwächen.
Das heißt, das Höchste erreichen,
das, was uns vielleicht der Himmel gewähren wird:
keine Bewunderungen oder Siege,
sondern einfach zugelassen werden
als Teil einer unbestreitbaren Wirklichkeit,
wie die Steine und die Bäume.

Ich glaube, dies ist weit entfernt von den schüchternen Überspanntheiten meiner früheren spanischen Ultraisten-Übungen, als ich eine Straßenbahn als Mann mit geschultertem Gewehr sah, oder den Sonnenaufgang als Schrei, oder die untergehende Sonne als gekreuzigt im Westen. Ein vernünftiger Freund, dem ich diese Absurditäten später aufsagte, bemerkte: »Ach, ich sehe, du warst der Ansicht, daß es der Dichtung wichtigstes Ziel ist, zu verblüffen.« Mögen die Gedichte in *Fervor* Ultraistengedichte sein oder nicht, die Antwort gab für mich mein Freund und französischer Übersetzer Néstor Ibarra: »Mit dem ersten Ultraistengedicht, das Borges schrieb, hörte er auf, ein Ultraisten-Dichter zu sein.« Heute kann ich meine frühen ultraistischen Exzesse nur bedauern. Nach fast einem halben Jahrhundert bin ich noch immer bemüht, diese peinliche Periode zu verdrängen.

Vielleicht war das Hauptereignis meiner Rückkehr Macedonio Fernández. Von allen Leuten, denen ich im Laufe meines Lebens begegnet bin – und ich habe eine Menge bemerkenswerter Menschen getroffen –, hat keiner mich so tief und nachhaltig beeindruckt wie Macedonio. Eine winzige Figur unter steifem schwarzen Hut, erwartete er uns, als wir im Hafen Dársena Norte an Land gingen, und ich erbte seine

Freundschaft von meinem Vater. Beide waren 1874 geboren. Paradoxerweise war Macedonio ebenso ein hervorragender Unterhalter und gleichzeitig ein Mensch langen Schweigens und weniger Worte. Samstag abends trafen wir uns immer im Café Perla, auf der Plaza del Once. Dort redeten wir bis zum Tagesanbruch, Macedonio führte das Wort. Wie in Madrid Cansinos den Gelehrten verkörpert hatte, so versinnbildlichte jetzt Macedonio das reine Denken. Ich war damals ein eifriger Leser und ging nur sehr selten aus (fast jeden Abend nach dem Essen las ich im Bett), aber die ganze Woche lag im Glanz der Erwartung des Samstags, wenn ich Macedonio hören und sehen würde. Er wohnte ganz in unserer Nähe, und ich hätte ihn besuchen können, wann immer ich wollte, aber irgendwie fühlte ich mich zu diesem Privileg nicht berechtigt, und so verzichtete ich auf ihn während der Woche, um dem Macedonio-Samstag seinen vollen Wert zu lassen. Bei diesen Treffen sprach Macedonio vielleicht drei- oder viermal, indem er ein paar ruhige Beobachtungen machte, die er – scheinbar – nur an seinen Nachbarn richtete. Indes stellte er nie Behauptungen auf. Macedonio war sehr höflich und sagte zum Beispiel mit sanfter Stimme: »Wie Sie wohl bemerkt haben…« Und dann gab er einen treffenden hochoriginellen Gedanken von sich. Aber immer schrieb er seine Bemerkung dem Zuhörer zu.

Er war ein zarter grauer Mann mit aschfarbenem Haar und Schnauzbart, der ihn wie Mark Twain aussehen ließ. Ihm gefiel diese Ähnlichkeit, aber wenn man ihn daran erinnerte, daß er auch wie Paul Valéry aussah, so nahm er das übel, denn für Franzosen hatte er wenig übrig. Er trug ständig den schwarzen steifen Hut, und ich hätte mich nicht gewundert, wenn er damit auch geschlafen hätte. Er zog sich nie aus, wenn er zu Bett ging, und um nachts jeglichen Luftzug abzuwehren, der ihm, wie er meinte, Zahnschmerzen hätte verursachen können, wickelte er seinen Kopf in ein Handtuch. Dann sah er wie ein Araber aus. Zu seinen sonstigen Eigentümlichkeiten gehörten sein Nationalismus (er bewunderte einen argentinischen Präsidenten nach dem anderen, aus dem einfachen Grunde, weil die argentinische Wählerschaft ja nicht fehlgehen konnte), seine Angst vor dem Zahnarzt (die ihn dazu verleitete, in der Öffentlichkeit hinter vorgehaltener Hand an seinen Zähnen zu ziehen, als könne er dadurch der Zange des Zahnarztes entgehen) und die Angewohnheit, sich gefühlvoll in Straßendirnen zu verlieben.

Als Schriftsteller veröffentlichte Macedonio Fernández einige recht ungewöhnliche Bände, und noch jetzt, fast zwanzig Jahre nach seinem Tod, werden Schriften von ihm gesammelt. Sein erstes, 1928 erschienenes Buch hieß *No toda es vigilia la de los ojos abiertos* (›Wir sind nicht immer wach mit offenen Augen‹). Es war ein langer Essay über den Idealismus, geschrieben in absichtlich verflochtenem und verworrenem Stil, der wie ich glaube die Verworrenheit der Realität erreichen sollte. Ein Jahr darauf erschien ein Sammelband seiner Schriften – *Papeles de recienvenido* (›Schriften eines Neuankömmlings‹) –, an den ich, Kapitel auswählend und ordnend, mit Hand angelegt hatte. Es war ein Sammelsurium von Witzen innerhalb von Witzen. Macedonio schrieb auch Romane und Gedichte, alles verblüffend und ziemlich unlesbar. Ein Roman mit zwanzig Kapiteln wird eingeleitet durch sechsundfünfzig verschiedene Vorworte. Trotz all seiner Brillanz, glaube ich, ist Macedonio in seinen Schriften überhaupt nicht vorhanden. Der echte Macedonio war der des Gesprächs.

Macedonio lebte bescheiden in Pensionen, die er häufig zu wechseln schien. Und zwar weil er immer auf der Flucht vor der Miete war. Jedesmal wenn er umzog, hinterließ er Berge und Berge von Manuskripten. Seine Freunde zankten ihn einmal, indem sie ihm sagten, es sei eine Schande, wenn all die Arbeit verlorenginge. Darauf erwiderte er uns: »Glaubt ihr wirklich, ich bin so reich, daß ich etwas verlieren kann?«

Leser von Hume und Schopenhauer werden bei Macedonio wenig Neues entdecken, bemerkenswert jedoch ist, daß er ganz von selbst zu seinen Ergebnissen kam. Später las er tatsächlich Hume, Schopenhauer, Berkeley und William James, aber er zitierte immer die gleichen Autoren, und ich bezweifle, daß er außerdem noch viel gelesen hat. Er hielt Walter Scott für den größten Romanschriftsteller, vielleicht nur, weil er der Begeisterung seiner Jugendzeit treu blieb. Er hatte einst mit William James korrespondiert, dem er in einem Mischmasch von Englisch, Deutsch und Französisch geschrieben hatte, wozu er erklärte: »Ich beherrschte jede dieser Sprachen so wenig, daß ich sie dauernd wechseln mußte.« Ich glaube, jede gelesene Seite spornte ihn sogleich zum Denken an. Er behauptete nicht nur, wir seien aus dem gleichen Stoff, aus dem Träume gemacht sind, sondern er glaubte fest, daß wir alle in einer Traumwelt leben. Macedonio bezweifelte, daß Wahrheit vermittelbar sei. Er fand, gewisse Philosophen hätten sie zwar entdeckt, seien aber außerstande gewesen, sie vollkommen zu vermitteln. Er glaubte indessen auch, daß die Entdeckung der Wahrheit ganz einfach sei. Er erzählte mir einmal, wenn er sich in die Pampa legen könnte, um die Welt, sich selbst und seine Suche zu vergessen, dann könnte sich ihm die Wahrheit plötzlich offenbaren. Er fügte hinzu, natürlich wäre es vielleicht unmöglich, diese plötzliche Weisheit in Worte zu fassen.

Macedonio stellte gern Listen von Aussprüchen genialer Leute zusammen, und in einer von ihnen entdeckte ich erstaunt den Namen einer sehr liebenswürdigen Dame unserer Bekanntschaft, Quica González Acha de Tomkinson Alvear. Ich starrte ihn mit offenem Munde an. Irgendwie fand ich nicht, daß Quica neben Hume und Schopenhauer gehörte. Aber Macedonio sagte: »Die Philosophen mußten das Universum untersuchen und erklären, während Quica es einfach fühlt und versteht.« Er wandte sich ihr zu und fragte: »Quica, was ist das Sein?« Quica antwortete: »Ich weiß nicht, was du meinst, Macedonio!« – »Siehst du«, sagte er zu mir, »sie versteht so ausgezeichnet, daß sie gar nicht begreifen kann, weshalb wir ratlos sind.« Dies war sein Beweis dafür, daß Quica eine geniale Frau war. Als ich ihm später sagte, er könne das gleiche von einem Kind oder einer Katze behaupten, wurde Macedonio böse.

Bevor ich Macedonio kannte, war ich immer ein leichtgläubiger Leser gewesen. Sein Hauptgeschenk an mich war, daß er mich lehrte, zweifelnd zu lesen. Anfangs plagiierte ich ihn ergeben, indem ich gewisse stilistische Manierismen übernahm, was ich später bereute. Dennoch schaue ich heute zu ihm zurück wie ein vom Garten Eden verwirrter Adam. Sein Genius überlebt nur in wenigen seiner Seiten; sein Einfluß war sokratischer Natur. Ich liebte diesen Mann aufrichtig, wenn auch nicht abgöttisch, wie keinen anderen.

Diese Zeit von 1921 bis 1930 war angefüllt mit großer Aktivität, wenn auch vieles davon vielleicht unbesonnen oder sogar sinnlos war. Ich schrieb und veröffentlichte nicht weniger als sieben Bücher – vier davon mit Essays und drei mit Gedichten. Ich gründete obendrein drei Zeitschriften und schrieb tatsächlich häufig für ein Dutzend anderer Literaturblätter, unter ihnen ›La Prensa‹, ›Nosotros‹, ›Inicial‹, ›Criterio‹ und ›Síntesis‹. Ich bin heute erstaunt über diese Produktivität, ebenso wie über die Tatsache, daß ich mit der Arbeit jener Jahre nur noch die entfernteste Verwandtschaft spüre. Bei dreien der vier Essaysammlungen – deren Titel man am besten vergißt – habe ich nie Neudrucke erlaubt. Ja, als 1953 mein jetziger Verlag Emecé vorschlug, meine gesammelten Werke herauszugeben, willigte ich nur ein, weil mir dies erlaubte, jene albernen Bände zu unterschlagen. Das erinnert mich an Mark Twain, der vorschlug, man könne eine ausgezeichnete Bibliothek unter Auslassung der Werke von Jane Austen anlegen, und enthielte diese Bibliothek auch keine anderen Bücher, so sei sie immer noch eine ausgezeichnete Bibliothek, eben weil ihre Bücher ausgelassen seien.

In der ersten dieser unbekümmerten Sammlungen war ein ziemlich schlechter Essay über Sir Thomas Browne, der wohl der erste Versuch über ihn in spanischer Sprache gewesen ist. Ein weiterer Essay unternimmt es, Metaphern zu klassifizieren, als könnten andere poetische Elemente wie Rhythmus und Musik ruhig ignoriert werden. Ein längerer Essay befaßte sich mit der Nichtexistenz des Ich und war von Bradley oder Buddha oder Macedonio Fernández abgeschrieben. Als ich diese Sachen schrieb, versuchte ich mich als emsiger Nachäffer zweier spanischer Barockschriftsteller des siebzehnten Jahrhunderts, Quevedo und Saavedra Fajardo, die auf ihre steife, spröde, spanische Art die gleiche Schreibweise vertraten wie Sir Thomas Browne in *Urne-Buriall*. Ich tat mein möglichstes, Latein auf Spanisch zu schreiben, und das Buch bricht schier zusammen unter dem Gewicht seiner Tiefsinnigkeiten und gewichtigen Urteile. Die nächste dieser Verfehlungen war eine Art Reaktion. Ich fiel ins andere Extrem – ich versuchte so argentinisch wie möglich zu sein. Ich geriet an Segovias Lexikon der Argentinismen und arbeitete so viele Lokalismen ein, daß meine meisten Landsleute mich nicht mehr verstanden. Nachdem ich das Lexikon verlegt habe, bin ich nicht mehr sicher, ob ich selbst das Buch noch verstehen würde und habe es daher als völlig hoffnungslos aufgegeben. Das dritte dieser unerwähnenswerten Bücher mag als partielle Sünde gelten. Darin arbeite ich mich aus dem Stil des zweiten Buches mühsam zurück zu geistiger Gesundung, zum Versuch, logisch zu schreiben und dem Leser die Dinge zu erleichtern, statt ihn mit kunstvollen Stellen zu blenden. Eines dieser Experimente von fragwürdigem Wert war *Hombres pelearon* (›Männer kämpften‹), mein erster Vorstoß in die Mythologie des alten Nordens von Buenos Aires. Ich versuchte darin eine rein argentinische Geschichte auf argentinische Weise zu erzählen. Diese Geschichte habe ich seither mit kleinen Abweichungen immer wieder erzählt. Es ist die Geschichte des unmotivierten oder uneigennützigen Duells – lediglich aus Liebe zum Mut. Als ich sie schrieb, bestand ich darauf, daß wir Argentinier einen anderen Sprachsinn haben als die Spanier. Inzwischen finde ich, wir sollten versuchen, unsere sprachliche Verwandtschaft zu betonen. Ich schrieb immer noch, wenn auch auf gemäßigtere Weise, damit Spanier mich nicht verstehen konnten – ich schrieb, könnte man sagen, um nicht verstanden zu werden. Die Gnostiker behaupten, die einzige Möglichkeit, eine Sünde zu vermeiden, sei, sie

Mit Norah, um 1930

zu begehen, um somit von ihr befreit zu sein. In meinen Büchern jener Jahre, scheint es, habe ich die meisten literarischen Sünden begangen, einige davon unter dem Einfluß eines großen Schriftstellers, Leopoldo Lugones, den ich sehr bewundere. Diese Sünden bestanden aus Schönschreiben, Lokalkolorit, der Suche nach dem Unvermuteten und einem Stil des siebzehnten Jahrhunderts. Heute fühle ich mich wegen dieser Exzesse nicht mehr schuldig; jene Bücher schrieb ein anderer. Bis vor ein paar Jahren habe ich, wenn der Preis nicht zu hoch war, Exemplare aufgekauft und verbrannt.

Von den Gedichten jener Zeit hätte ich vielleicht auch meine zweite Auswahl gerne unterdrückt, *Luna de enfrente* (›Mond gegenüber‹). Sie wurde 1925 verlegt und ist eine Art Orgie in falschem Lokalkolorit. Zu ihren Albernheiten gehört die Schreibweise meines ersten Namens nach chilenischer Mode des neunzehnten Jahrhunderts, als »Jorje« (dies war ein halbherziger Versuch phonetischer Rechtschreibung); die Schreibung des spanischen »und« als »i« statt »y« (unser größter Schriftsteller, Sarmiento, hatte das gleiche unternommen, indem er versuchte, so unspanisch wie möglich zu sein); und die Auslassung des End-»d« in Wörtern wie *autoridá* und *ciudá*. In späteren Ausgaben strich ich die schlechtesten Gedichte, bereinigte die Exzentrizitäten, revidierte und milderte die Verse nach und nach durch mehrere Neuauflagen hindurch. Die dritte damalige Auswahl, *Cuaderno San Martín* (der Titel hat nichts mit dem Nationalhelden zu tun; so hieß nur die Marke des altmodischen Schreibheftes, in das ich die Gedichte schrieb), enthält einige ganz legitime Stücke, wie *La noche que en el Sur lo velaron*, dessen Titel Robert Fitzgerald sehr treffend übersetzte mit *Deathwatch on the Southside* (›Totenwache in der Südstadt‹), und *Muertes de Buenos Aires* (›Tode von Buenos Aires‹), über die zwei Hauptfriedhöfe der argentinischen Hauptstadt. Ein Gedicht dieses Buches (keines, das ich bevorzuge) ist gewissermaßen ein kleiner argentinischer Klassiker geworden: ›Mythische Gründung von Buenos Aires‹. Auch dieses Buch ist im Verlauf der Jahre durch Kürzungen und Überarbeitungen verbessert oder gereinigt worden.

1929 gewann jener dritte Essayband den zweiten »Preis der Stadt« von dreitausend Pesos, in jenen Tagen eine fürstliche Summe. Als erstes gedachte ich davon die elfte Ausgabe der *Encyclopaedia Britannica* antiquarisch zu erwerben. Da es mir zweitens ein ganzes Jahr der Muße bescherte, beschloß ich ein längeres Buch über ein ausschließlich argentinisches Thema zu verfassen. Meine Mutter wollte gerne, daß ich über einen der drei wirklich lohnenden Dichter – Ascasubi, Almafuerte oder Lugones – schriebe. Ich wünschte, ich hätte es getan. Statt dessen wählte ich einen volkstümlichen, aber zweitrangigen Dichter, Evaristo Carriego. Meine Mutter und mein Vater wiesen darauf hin, daß seine Gedichte nicht gut seien. »Aber er war unser Freund und Nachbar«, entgegnete ich. »Gut, wenn du meinst, das qualifiziert ihn als Thema für ein Buch, dann los«, sagten sie. Carriego war der Mann, der die literarischen Möglichkeiten der heruntergekommenen, zerlumpten Außenbezirke der Stadt entdeckt hatte – das Palermo meiner Knabenzeit. Seine Laufbahn entsprach der Entwicklung des Tango – zuerst ausgelassen, gewagt und mutig, dann sentimental. 1912 starb er im Alter von neunundzwanzig Jahren an Tuberkulose und hinterließ nur einen einzigen Band seines Werks. Ich erinnere mich, daß ein meinem Vater zugeeignetes Exemplar sich unter den argentinischen Büchern befand, die wir mit nach Genf genommen hatten, und das ich dort mehrmals las. Um 1909 hatte Carriego meiner Mutter ein Gedicht gewidmet. Das heißt, er hatte es ihr ins Album geschrieben. Er sprach darin von mir: »Und möge dein Sohn... fortschreiten, geleitet von der verläßlichen Schwinge der Eingebung, damit er die Weinlese einer neuen Verkündigung durchführe, aus hehren Reben liefernd den Wein des Gesangs!« Aber als ich mein Buch zu schreiben begann, ging es mir wie Carlyle, als er seinen *Friedrich der Große* schrieb. Je mehr ich schrieb, desto weniger kümmerte mich mein Held. Ich war davon ausgegangen, eine regelrechte Biographie zu

Die Wandzeitung ›Prisma‹

schreiben, aber auf dem Wege dahin begann ich mich mehr und mehr für das Buenos Aires alter Zeiten zu interessieren. Die Leser brauchten natürlich nicht lange, um festzustellen, daß das Buch kaum etwas mit seinem Titel *Evaristo Carriego* zu tun hatte, und so ging es unter. Als 1955, fünfundzwanzig Jahre später, die zweite Auflage, als vierter Band meiner »vollständigen« Werke erschien, erweiterte ich das Buch um mehrere neue Kapitel, von denen eines die ›Geschichte des Tango‹ heißt. Infolge dieser Ergänzungen, glaube ich, hat *Evaristo Carriego* gewonnen.

›Prisma‹, 1921 gegründet, überdauerte zwei Nummern und war die früheste von mir herausgegebene Zeitschrift. Unsere kleine Ultraistengruppe war bestrebt, eine eigene Zeitschrift zu besitzen, jedoch überstieg eine richtige Zeitschrift unsere Mittel. Ich hatte Reklameanschläge gesehen, und so kam mir die Idee, wir könnten auf ähnliche Weise eine »Wand-Zeitung« drucken und sie selbst in verschiedenen Gegenden der Stadt an die Mauern von Gebäuden kleben. Jede Ausgabe bestand aus einem einzigen großen Blatt, umfaßte ein Manifest nebst sechs oder acht kurzen lakonischen Gedichten, deren Druck viel weißer Raum umgab, sowie einen Holzschnitt meiner Schwester. Nachts brachen wir auf – González Lanuzo, mein Vetter Piñero und ich –, bewaffnet mit Leimtöpfen und Pinseln, mit denen meine Mutter uns ausgerüstet hatte, liefen endlose Meilen und klatschten sie fest in den Straßen Santa Fé, Callao, Entre Ríos und México. Die Mehrzahl unserer Machwerke wurde fast unverzüglich von unmutigen Lesern heruntergerissen, doch zu unserem Glück sah Alfredo Bianchi von ›Nosotros‹ eines davon und lud uns ein, in seiner gediegenen Zeitschrift eine Ultraisten-Anthologie zu veröffentlichen. Nach ›Prisma‹ verfielen wir auf eine sechsseitige Zeitschrift, die in Wirklichkeit nichts als ein auf beiden Seiten bedruckter, zweimal gefalteter Bogen war. Es war die erste ›Proa‹ (›Bug‹), von der drei Nummern veröffentlicht wurden. Zwei Jahre später, 1924, erschien die zweite ›Proa‹. Eines Nachmittags besuchte mich im Garden-Hotel, in dem wir seit unserer zweiten Europareise wohnten, Brandán Caraffa, ein junger Dichter aus Córdoba. Er erzählte mir, daß Ricardo Güiraldes und Pablo Rojas Paz beschlossen hätten, eine Zeitschrift zu gründen, die die junge Literatur-Generation vertreten würde, und jeder habe gefunden, wenn das das Ziel sei, dann könne man mich nicht auslassen. Natürlich war ich geschmeichelt. Am selben Abend ging ich zum Phoenix-Hotel hinüber, in dem Güiraldes wohnte. Er begrüßte mich mit den Worten: »Brandán hat mir erzählt, Sie seien vorgestern abend alle zusammengekommen, um eine neue Zeitschrift junger Schriftsteller zu gründen, und alle sagten, man könne mich nicht auslassen.« In dem Moment trat Rojas Paz ein und erzählte aufgeregt: »Ich bin recht geschmeichelt.« Ich unterbrach ihn: »Vorgestern abend kamen wir drei zusammen und beschlossen, daß man Sie in einer Zeitschrift junger Schriftsteller nicht auslassen könne.« Dank dieser unschuldigen List wurde ›Proa‹ geboren. Jeder von uns steckte fünfzig Pesos hinein, womit eine Auflage von drei- bis fünfhundert Exemplaren bestritten werden konnte, ohne

Druckfehler und auf gutem Papier. Aber anderthalb Jahre und fünfzehn Nummern später mußten wir sie mangels Abonnenten und Anzeigen einstellen.

Jene Jahre waren dank vieler Freundschaften sehr glücklich. Da waren die mit Norah Lange, Macedonio, Piñero und meinem Vater. Hinter unserer Arbeit stand Aufrichtigkeit; wir hatten das Gefühl, daß wir Prosa und Dichtung erneuerten. Wie alle jungen Männer versuchte natürlich auch ich, so unglücklich wie möglich zu sein – eine Kombination aus Hamlet und Raskolnikoff. Was wir erreichten, war ziemlich schlecht, aber unsere Kameradschaft überdauerte.

1924 führte mich mein Weg in zwei verschiedene literarische Kreise. Einer von beiden, an den ich mich noch gern erinnere, war der um Güiraldes, der seinen *Don Segundo Sombra* noch schreiben sollte; Güiraldes kam mir großzügig entgegen. Zeigte ich ihm ein unbeholfenes Gedicht, so las er zwischen den Zeilen und versuchte zu erraten, was ich sagen wollte, woran meine literarische Unfähigkeit mich jedoch gehindert hatte. Er erzählte dann anderen Leuten von dem Gedicht, die verwirrt waren, als sie die Einzelheiten im Text nicht vorfanden. Der andere Kreis, was ich eigentlich bedauere, war der um die Zeitschrift ›Martín Fierro‹. Mir mißfiel, wofür ›Martín Fierro‹ eintrat, nämlich die französische Auffassung, daß die Literatur sich unablässig erneuert – daß Adam jeden Morgen wiedergeboren wird –, und gleichfalls die Auffassung, daß, weil Paris literarische Cliquen hatte, die in Publizität und Fehde schwelgten, auch wir mit der Zeit gehen und es ihnen gleichtun sollten. Der Erfolg davon war, daß in Buenos Aires ein literarisches Scheingefecht inszeniert wurde – das zwischen den Gruppen *Florida* und *Boedo*. *Florida* verkörperte die City und *Boedo* das Proletariat. Ich hätte es vorgezogen, der *Boedo*-Gruppe anzugehören, weil ich über die alte Nordstadt schrieb, über Slums, Traurigkeit und Sonnenuntergänge. Aber ich wurde von einem der beiden Verschwörer – es waren Ernesto Palacio von *Florida* und Roberto Mariani von *Boedo* – davon unterrichtet, daß ich bereits einer von *Flori-*

das Kriegern sei und es zu spät für mich wäre, um noch umzusteigen. Die ganze Sache war ein abgekartetes Spiel. Einige Schriftsteller gehörten zu beiden Gruppen – Roberto Arlt und Nicolás Olivari zum Beispiel. Dieser Schwindel wird heute an »leichtgläubigen Universitäten« ernst genommen. Aber es war teilweise Reklame, teilweise ein Knabenstreich.

Verknüpft mit dieser Zeit sind die Namen Silvina und Victoria Ocampo, der Dichter Carlos Mastronardi, Eduardo Mallea und nicht zuletzt Alejandro Xul-Solar. Man könnte grob sagen, daß Xul, der Mystiker, Dichter und Maler war, unser William Blake ist. Ich erinnere mich, ihn an einem besonders schwülen Nachmittag gefragt zu haben, was er an diesem glutheißen Tag vollbracht habe. Seine Antwort lautete: »Überhaupt nichts, außer der Gründung von zwölf Religionen nach dem Mittagessen.« Xul war außerdem Philologe und der Erfinder zweier Sprachen. Die eine war eine philosophische Sprache in der Art von John Wilkins, die andere eine Erneuerung des Spanischen mit vielen eingestreuten englischen, deutschen und griechischen Wörtern. Er war baltischer und italienischer Herkunft. »Xul« war seine Version von »Schulz«, und »Solar« die von »Solari«. Ich begegnete damals auch Alfonso Reyes. Er war mexikanischer Botschafter in Argentinien und pflegte mich jeden Sonntag zum Abendessen in die Botschaft einzuladen. Ich halte Reyes für den vorzüglichsten spanischen Prosa-Stilisten des zwanzigsten Jahrhunderts, und von ihm lernte ich viel Einfachheit und Unmittelbarkeit beim Schreiben.

Wenn ich diese Spanne meines Lebens überblicke, so ist mir der eingebildete und recht dogmatische junge Mann, der ich damals war, wenig sympathisch. Jene Freunde allerdings sind für mich noch ganz lebendig und mir nahe. In der Tat bilden sie einen wertvollen Teil meiner selbst. Freundschaft, glaube ich, ist die eine versöhnende Leidenschaft des Argentiniers.

Reife

Im Laufe einer Lebenszeit, die hauptsächlich Büchern gewidmet war, habe ich nur wenige Romane gelesen, wobei mich in den meisten Fällen nur Pflichtbewußtsein befähigt hat, sie bis zur letzten Seite durchzustehen. Gleichzeitig war ich immer ein Leser und Wiederleser von Kurzgeschichten. Stevenson, Kipling, James, Conrad, Poe, Chesterton; die Geschichten von Lanes *Arabischen Nächten* und verschiedene Erzählungen von Hawthorne gehörten zu meinen Gepflogenheiten, solange ich mich erinnern kann. Das Gefühl, daß große Romane wie *Don Quijote* und *Huckleberry Finn* praktisch formlos sind, half, meinen Geschmack für die Kurzgeschichte zu festigen, deren unerläßliche Elemente Sparsamkeit und ein klar umrissener Anfang, Mitte und Schluß sind. Allerdings glaubte ich jahrelang, die Kurzgeschichte überfordere meine Kraft als Schriftsteller, und erst nach einer langen umständlichen Reihe schüchterner Erzählversuche setzte ich mich hin, um richtige Geschichten zu schreiben.

Es kostete mich sechs Jahre, von 1927 bis 1933, bis ich von der allzu befangenen Studie *Hombres pelearon* zu meiner wirklichen ersten Kurzgeschichte kam, *Hombre de la esquina rosada* (›Mann von Esquina Rosada‹). Einer meiner Freunde, Don Nicolás Paredes, ein ehemaliger Caudillo und Berufsspieler aus der Nordstadt, war gestorben, und ich wollte etwas von seiner Sprache erhalten, seinen Anekdoten und seiner eigenen Art, sie zu erzählen. Ich plagte mich mit jeder Seite, ich horchte jeden Satz ab, bemüht, ihn im richtigen Tonfall abzufassen. Wir lebten damals draußen in Adrogué, und weil ich wußte, daß meine Mutter den Gegenstand der Materie heftig mißbilligen würde, schriftstellerte ich daran heimlich mehrere Monate. Ursprünglich *Hombres de las orillas* (›Männer vom Stadtrand‹) betitelt, erschien die Erzählung in der von mir herausgegebenen Samstagsbeilage des ›Crítica‹ genannten Sensationsblatts. Aber aus Scheu und dem Gefühl vielleicht, daß die Geschichte ein bißchen unter meinem Niveau war, unterschrieb ich sie mit einem Pseudonym – dem Namen eines meiner Ur-Ur-Großväter, Francisco Bustos. Obwohl die Erzählung bis zur Peinlichkeit beliebt wurde (heute finde ich sie nur noch geziert und manieriert und die Personen unecht), sah ich sie nie als Ausgangspunkt an. Sie ist einfach da wie eine Mißgeburt.

Der wirkliche Anfang meines Werdegangs als Erzähler beginnt mit einer Reihe von Skizzen, betitelt *Historia universal de la infamia* (›Universalgeschichte der Niedertracht‹), die ich 1933 und 1934 den Spalten von ›Crítica‹ beisteuerte. Während der ›Mann von Esquina Rosada‹ eine richtige Erzählung war, wurden diese Skizzen und mehrere der erfundenen nachfolgenden Stücke als Unsinn und Pseudo-Essays geschrieben, über die ich langsam zu gültigen Erzählungen kam. In meiner ›Universalgeschichte‹ wollte ich vermeiden, was Marcel Schwob in seinen *Vies imaginaires* getan hatte. Er hatte sich Biographien lebender Menschen, über die wenig oder nichts bekannt ist, ausgedacht. Ich indes las über die Leben bekannter Personen, die ich dann je nach Laune absichtlich variierte und entstellte. Zum Beispiel schrieb ich nach der Lektüre von Herbert Asburys *The Gangs of New York* meine freie Fassung von Monk Eastman, dem jüdischen Revolverhelden, in wildem Widerspruch zu der von mir konsultierten Quelle. Dasselbe tat ich mit Billy the Kid, mit John Murrel (den ich in Lazarus Morell umtaufte), mit dem verschleierten Propheten von Khwaresm, mit dem angeblichen Tichborne-Erben und vielen anderen. Ich dachte nie an Buchveröffentlichungen. Meine Sachen waren für populären Konsum in ›Crítica‹ gedacht und betont pittoresk. Heute vermute ich, daß der geheime Wert dieser Skizzen – abgesehen vom reinen Vergnügen, das mir das Schreiben bereitete – darin lag, daß sie Erzählübungen waren. Da mir die allgemeine Handlung oder die Umstände vorgegeben waren, brauchte ich sie nur noch lebendig, abwechslungsreich auszuschmücken.

Meine nächste Erzählung, ›Der Weg zu Almotasim‹, 1935

geschrieben, ist beides: Unsinn und Pseudo-Essay. Angeblich ist sie die Besprechung eines drei Jahre vorher in Bombay erschienenen Buches. Ihre imaginäre zweite Auflage bereicherte ich durch einen wirklichen Verleger, Victor Gollancz, und das Vorwort einer wirklichen Schriftstellerin, Dorothy L. Sayers. Aber Autor und Buch sind gänzlich meine eigene Erfindung. Ich steuerte Handlung und Einzelheiten einiger Kapitel bei – wobei ich bei Kipling Anleihen machte und den persischen Mystiker Farid ud-Din Attar hineinarbeitete –, wies dann jedoch sorgfältig auf des Buches Unzulänglichkeiten hin. Diese Erzählung erschien ein Jahr später in einem Essay-Band, *Historia de la eternidad* (›Geschichte der Ewigkeit‹), ganz am Ende des Buches versteckt, zusammen mit einer Abhandlung über ›Die Kunst des Schmähens‹. Wer den ›Weg zu Almotasim‹ las, nahm es als bare Münze, und einer meiner Freunde bestellte sich den Band sogar in London. Erst 1942 veröffentlichte ich die Kurzgeschichte als solche in meiner ersten Sammlung von Geschichten, *El jardín de senderos que se bifurcan* (›Der Garten der Pfade, die sich verzweigen‹). Ich bin zu dieser Erzählung vielleicht unfair gewesen; jetzt scheint mir, als habe sie ihre Schatten vorausgeworfen und sogar als Muster gedient für die Geschichten, die mich gewissermaßen erwarteten und meinen Ruf als Geschichtenerzähler begründen sollten.

Um 1937 nahm ich meine erste richtige Ganztagsarbeit an. Ich hatte vorher kleine verlegerische Arbeiten ausgeführt. Da war die ›Crítica‹-Beilage, ein überladenes und sogar geschmacklos illustriertes Unterhaltungsblatt. Da war ›El Hogar‹, eine wöchentlich erscheinende populäre Gesellschaftszeitschrift, in der ich zweimal monatlich ein paar Literaturseiten über ausländische Bücher und Autoren veröffentlichte. Ich hatte auch Nachrichten-Texte geschrieben und war Herausgeber einer pseudo-wissenschaftlichen Zeitschrift, die ›Urbe‹ hieß und in Wirklichkeit das Werbeorgan eines privaten Untergrundbahnnetzes von Buenos Aires war. All dies waren gering bezahlte Beschäftigungen gewesen, und ich hatte längst das Alter überschritten, von dem an ich zur Bestreitung unseres Haushaltes hätte beisteuern müssen. Jetzt bekam ich durch Freunde eine ganz kleine Stellung als erster Assistent in der Miguel Cané-Filiale der Stadt-Bibliothek, weit abgelegen in einem trüben öden südwestlichen Stadtteil. Wie unter mir zweite und dritte Assistenten waren, waren auch ein Direktor und ein erster, zweiter und dritter Beamter über mir. Ich wurde mit monatlich zweihundertundzehn Pesos entlohnt und avancierte später auf zweihundertundvierzig. Diese Beträge entsprechen rund siebzig oder achtzig US-Dollars.

Wir arbeiteten in der Bibliothek nur sehr wenig. An die fünfzig von uns taten, was fünfzehn leicht hätten ausführen können. Meine Aufgabe, die ich mit fünfzehn oder zwanzig Kollegen teilte, bestand im Klassifizieren und Katalogisieren der Bibliotheks-Bestände, die bis dahin nicht katalogisiert waren. Allerdings war die Sammlung so klein, daß wir die Bücher auch ohne Katalog fanden, so daß das mühsam durchgeführte System nie beansprucht oder genutzt wurde. Am ersten Tag arbeitete ich rechtschaffen. Am nächsten Tag nahmen mich meine Kollegen zur Seite, indem sie mir bedeuteten, ich könne so nicht weitermachen, es würde sie bloßstellen. »Außerdem«, argumentierten sie, »da dieses Katalogisieren eingeführt worden ist, damit wir gewissermaßen beschäftigt sind, würden Sie uns arbeitslos machen.« Ich sagte, ich hätte vierhundert Titel statt ihrer einhundert klassifiziert. »Eben, wenn Sie so weitermachen«, sagten sie, »wird der Chef ärgerlich und weiß nicht mehr, was er mit uns machen soll.« Um realistisch zu sein, wurde mir beigebracht, daß ich künftig dreiundachtzig Bücher am Tag bearbeiten solle, am nächsten neunzig und am dritten einhundertundvier.

Ich hielt es neun Jahre lang in der Bibliothek aus. Es waren neun Jahre soliden Unglücklichseins. Die anderen, die dort arbeiteten, interessierten sich für nichts als Pferderennen, Fußball und Zoten. Einmal wurde eine Leserin auf dem Weg zur Damentoilette vergewaltigt. Alle fanden, dergleichen müsse zwangsläufig passieren, da die Herren- und die

In der Nationalbibliothek

Damentoilette nebeneinander lagen. Eines Tages besuchten mich zwei elegante, wohlmeinende Freundinnen – Damen der Gesellschaft –, um mich bei der Arbeit zu sehen. Einen oder zwei Tage später riefen sie mich an, um mir zu sagen: »Sie finden es vielleicht amüsant, an solch einem Ort zu arbeiten, versprechen Sie uns trotzdem, bis Ende des Monats eine mindestens Neunhundert-Peso-Stellung gefunden zu haben.« Ich gab ihnen mein Wort. Komischerweise war ich zu der Zeit ein ziemlich bekannter Schriftsteller – nur nicht in der Bibliothek. Ich erinnere mich, daß ein Kollege einmal in einer Enzyklopädie den Namen eines gewissen Jorge Luis Borges entdeckte – ein Umstand, über den er sich wegen der zufälligen Übereinstimmung unseres Namens und Geburtsdatums sehr wunderte. Während jener Jahre wurden wir städtischen Angestellten hin und wieder mit dem Geschenk eines Zwei-Pfund-Paketes Mate-Tee zum Nachhausenehmen belohnt. Manchmal, wenn ich abends die zehn Blocks bis zur

Straßenbahn ging, füllten sich meine Augen mit Tränen. Diese kleinen Geschenke von oben betonten jedesmal meine untergeordnete, trostlose Existenz.

Einige Stunden täglich, während ich mit der Straßenbahn hin- und herfuhr, las ich mich durch die *Göttliche Komödie*; bis zum »Purgatorium« half mir dabei John Aitken Carlyles Prosa-Übersetzung, den Rest des Weges erklomm ich selbständig. Ich erledigte die ganze Bibliotheksarbeit in der ersten Stunde, dann stahl ich mich in den Keller und verbrachte die weiteren fünf Stunden mit Lesen oder Schreiben. Ich erinnere mich, auf diese Weise die sechs Bände von Gibbons *History of the Decline and Fall of the Roman Empire* wiedergelesen zu haben, und die vielen Bände von Vicente Fidel López' *Geschichte der Republik Argentinien*. Ich las Léon Bloy, Claudel, Groussac und Bernard Shaw. An freien Tagen übersetzte ich Faulkner und Virginia Woolf. Irgendwann wurde ich zur schwindelerregenden Höhe eines Dritten Beamten befördert. Eines Vormittags rief mich meine Mutter an, und nachdem ich um Beurlaubung gebeten hatte, traf ich zu Hause gerade noch rechtzeitig ein, um meinen Vater sterben zu sehen. Er hatte lange in Agonie gelegen und ungeduldig seinen Tod erwartet.

Am Weihnachtsabend 1938 – dem Todesjahr meines Vaters – passierte mir ein ernster Unfall. Ich rannte eine Treppe hinauf und fühlte plötzlich etwas meinen Kopf streifen. Ich war an einen frischgestrichenen geöffneten Fensterflügel gestoßen. Trotz sofortiger Behandlung bekam ich eine Wundinfektion und lag eine Woche lang jede Nacht schlaflos, hatte Halluzinationen und hohes Fieber. Eines Abends verlor ich die Sprache und mußte schnellstens ins Krankenhaus gebracht werden, wo ich sofort operiert wurde. Eine Sepsis war eingetreten, und einen Monat lang schwebte ich – ohne es zu wissen – zwischen Leben und Tod. (Viel später schrieb ich darüber in meiner Erzählung ›Der Süden‹.) Als ich mich zu erholen begann, machte ich mir Sorgen um die Unversehrtheit meines Geistes. Ich erinnere mich, wie meine Mutter mir aus einem Buch, das ich gerade bestellt hatte, vorlesen wollte: C.S. Lewis' *Out of the Silent Planet*, aber zwei oder drei Abende lang hielt ich sie davon ab. Schließlich setzte sie sich durch, und nachdem ich ein, zwei Seiten gehört hatte, mußte ich weinen. Meine Mutter fragte nach dem Anlaß der Tränen. »Ich weine, weil ich verstehe«, sagte ich. Etwas später fragte ich mich, ob ich wohl je wieder schreiben könnte. Ich hatte vorher ziemlich viele Gedichte und Dutzende von kurzen Rezensionen geschrieben. Ich dachte, wenn ich jetzt eine Rezension zu schreiben versuchte und scheitern würde, so wäre ich intellektuell erledigt, würde ich aber mit etwas beginnen, das ich vorher nie versucht hatte und es würde mißlingen, so wäre das nicht schlimm und könnte mich sogar irgendwie auf die endgültige Offenbarung vorbereiten. Ich entschloß mich also, eine Erzählung zu schreiben. Das Resultat war ›Pierre Menard, Autor des Quijote‹.

›Pierre Menard‹ war wie sein Vorgänger ›Der Weg zu Almotasim‹ immer noch ein Mittelding zwischen Essay und richtiger Erzählung. Aber das Gelingen spornte mich an. Als nächstes versuchte ich mich an etwas Anspruchsvollerem – ›Tlön, Uqbar, Orbis Tertius‹, über die Entdeckung einer neuen Welt, die schließlich unsere gegenwärtige Welt ersetzt. Beides erschien in Victoria Ocampos Zeitschrift ›Sur‹. Das Schreiben in der Bibliothek behielt ich bei. Obgleich meine Kollegen mich für einen Verräter hielten, weil ich ihre lauten Späße nicht teilte, arbeitete ich im Keller weiter oder, wenn es warm war, oben auf dem Flachdach. Meine kafkaeske Geschichte ›Die Bibliothek von Babel‹ sollte eine Alptraum-Darstellung beziehungsweise Übertreibung dieser Stadt-Bibliothek sein, während andere Einzelheiten im Text keine besondere Bewandtnis haben. Die Anzahl der Bücher und Regale, die ich in der Erzählung erwähne, war buchstäblich das, was ich am Halse hatte. Kluge Kritiker machten sich über diese Chiffren Gedanken und schrieben ihnen großzügigerweise mystische Bedeutung zu. ›Die Lotterie in Babylon‹, ›Der Tod und der Kompaß‹ und ›Die kreisförmigen Ruinen‹ schrieb ich ebenfalls, ganz oder stückweise, während ich den Müßiggänger spielte. Aus diesen und anderen Geschichten wurde später ›Der Garten der Pfade, die sich verzweigen‹, ein Buch, das erweitert und 1944 in ›Fiktionen‹ umbenannt wurde. ›Fiktionen‹ und ›Das Aleph‹ (1949 und 1952), meine zweite Erzählsammlung, sind, glaube ich, meine beiden besten Bücher.

1946 kam ein Präsident, an dessen Namen ich mich nicht erinnern mag, an die Macht. Bald danach wurde ich eines Tages mit der Neuigkeit beehrt, ich sei aus der Bibliothek »befördert« worden zum Inspektor für Geflügel und Kaninchen auf den öffentlichen Märkten. Ich ging ins Rathaus, um herauszufinden, was es damit auf sich habe. »Sehen Sie«, sagte ich, »es ist doch merkwürdig, daß man ausgerechnet mich unter all den anderen in der Bibliothek dieses neuen Amts für würdig befunden hat.« – »Ja«, antwortete der Beamte, »Sie waren doch auf der Seite der Alliierten – was erwarten Sie eigentlich?« Auf seine Feststellung war nichts zu erwidern; am nächsten Tag reichte ich meine Kündigung ein. Unverzüglich scharten sich meine Freunde um mich und gaben mir ein offizielles Diner. Für diese Gelegenheit bereitete ich eine Ansprache vor; da ich jedoch wußte, daß ich zu schüchtern sein würde, um sie auch zu halten, bat ich meinen Freund Pedro Henríquez Ureña, sie statt meiner vorzulesen.

Ich war nun stellungslos. Einige Monate vorher hatte eine alte Engländerin meine Teeblätter befragt und vorausgesagt, daß ich bald reisen, Vorlesungen halten und dadurch ungeheure Mengen Geld verdienen würde. Als ich das meiner Mutter erzählte, lachten wir beide, denn öffentliches Reden lag mir überhaupt nicht. Zu jenem Zeitpunkt kam mir ein Freund zu Hilfe, der mich in der Argentinischen Gesellschaft für Englische Kultur zum Lehrer für Englische Literatur machte. Gleichzeitig wurde ich aufgefordert, im Colegio Libre de Estudios Superiores Vorlesungen über klassische amerikanische Literatur zu halten. Da ich diese beiden Angebote drei Monate vor Schulbeginn erhielt, nahm ich sie an und fühlte mich ziemlich sicher. Aber als die Zeit nahte, wurde mir übler und übler. Ich sollte eine Reihe von neun Vorlesungen halten, über Hawthorne, Poe, Thoreau, Emerson, Melville, Whitman, Twain, Henry James und Veblen. Die erste schrieb ich nieder. Aber ich hatte keine Zeit, die zweite zu schreiben. Da mir meine erste Vorlesung wie das Jüngste Gericht vorkam, konnte danach nur die Ewigkeit kommen. Wunderbarerweise ging die erste ganz gut. Zwei Abende vor der zweiten Vorlesung nahm ich meine Mutter zu einem langen Spaziergang rings um Adrogué mit und bat sie, die Zeit zu kontrollieren, während ich die Lesung einübte. Sie sei überlang, fand sie. »In dem Fall«, meinte ich, »kann mir nichts passieren.« Ich hatte Angst gehabt, mir könne der Stoff ausgehen. So eröffnete sich mir mit siebenundvierzig Jahren ein neues aufregendes Leben. Ich reiste in Argentinien und Uruguay landauf, landab, hielt Vorlesungen über Swedenborg, Blake, die persischen und chinesischen Mystiker, Buddhismus, Gaucho-Dichtung, Martin Buber, die Kabbala, *Tausendundeine Nacht*, T.E. Lawrence, mittelalterliche germanische Dichtung, Isländische Sagas, Heine, Dante, den Expressionismus und Cervantes. Ich fuhr von Stadt zu Stadt, übernachtete in Hotels, die ich nie wieder sehen sollte. Manchmal begleitete mich meine Mutter oder ein Freund. Ich verdiente nicht nur viel mehr Geld als in der Bibliothek; die Arbeit machte mir auch Freude, und ich fühlte mich durch sie bestätigt.

Eines der wichtigsten Ereignisse dieser Jahre – und meines Lebens überhaupt – war der Beginn meiner Freundschaft mit Adolfo Bioy Casares. Wir begegneten uns 1930 oder 1931, als er etwa siebzehn Jahre alt war und ich gerade die Dreißig überschritten hatte. Es ist in solchen Fällen die Regel, daß der Ältere der Lehrer, der Jüngere der Schüler ist. Dies mag anfangs so gewesen sein, aber als wir ein paar Jahre darauf gemeinsam zu arbeiten begannen, war wirklich und insgeheim Bioy der Lehrer. Er und ich unternahmen viele literarische Abenteuer. Wir stellten Anthologien argentinischer Dichtung zusammen, phantastischer Erzählungen und Kriminalgeschichten; wir schrieben Artikel und Vorworte; wir kommentierten Sir Thomas Browne und Gracián; wir übersetzten Kurzgeschichten von Schriftstellern wie Beerbohm, Kipling, Wells und Lord Dunsany; wir gründeten eine Zeitschrift, ›Destiempo‹, die drei Nummern erreichte; wir schrieben Filmscripts, die ausnahmslos zurückgewiesen wurden. Im Gegensatz zu meiner Neigung für das Pathetische, Gefühlvolle, Barocke überzeugte mich Bioy davon, daß Beherrschtheit und Mäßigung erstrebenswerter seien. Wenn ich es verallgemeinert formulieren darf: So brachte Bioy mich allmählich zum Klassizismus.

Irgendwann in den frühen vierziger Jahren begannen wir zusammen zu schreiben – ein Kunststück, das ich bis dahin für undurchführbar gehalten hatte. Ich hatte mir, wie wir fanden, eine recht gute Handlung für eine Kriminalerzählung ausgedacht. An einem regnerischen Morgen meinte Bioy, wir sollten es versuchen. Zögernd stimmte ich zu, und etwas später an diesem selben Vormittag passierte es. Ein Dritter, Honorio Bustos Domecq, trat auf den Plan und übernahm die Führung. Allmählich und zu unserem Vergnügen herrschte er über uns mit eisernem Stab, aber später wurde er zu unserem Mißbehagen ganz anders als wir selbst, mit eigenen Einfällen, eigenen Wortspielen und einem eigenen überdrehten Stil. Domecq war der Name eines Urgroßvaters von Bioy, und Bustos der Name eines meiner Urgroßväter aus Córdoba. Bustos Domecqs erstes Buch hieß: ›Sechs Aufgaben für Don Isidro Parodi‹ (1942), und während es geschrieben wurde, entglitt er nie unserer Kontrolle. Ernest Bramah hatte einen blinden Detektiv erfunden, Max Carrados; Bioy und ich gingen noch einen Schritt weiter und sperrten unseren Detektiv in eine Gefängniszelle. Das Buch wurde gleichzeitig eine Satire auf Argentinien. Jahrelang kam Bustos Domecqs doppelte Identität nicht ans Licht. Als es dann doch geschah, meinten die Leute, da Bustos ein Scherz war, seien auch seine Schriften nicht ernst zu nehmen.

Unsere nächste Zusammenarbeit ergab einen weiteren De-

Mit Adolfo Bioy Casares, 1943

tektiv-Roman, ›Ein Modell für den Tod‹. Er war so persönlich und voller privater Scherze, daß wir ihn in einer nicht für den Handel bestimmten Ausgabe veröffentlichten. Den Autor dieses Buches nannten wir B. Suárez Lynch. Das »B.« bedeutete, glaube ich, Bioy und Borges, »Suárez« war mein anderer Urgroßvater und »Lynch« ein weiterer Urgroßvater von Bioy. Bustos Domecq meldete sich 1946 wieder, in einem diesmal zwei Erzählungen enthaltenden Privatdruck, betitelt ›Zwei denkwürdige Phantasien‹. Nach langer Pause nahm Bustos 1967 die Feder wieder auf und brachte seine ›Chroniken‹ heraus. Sie bestehen aus Aufsätzen über erdachte, übertrieben moderne Künstler – Architekten, Bildhauer, Maler, Chef-

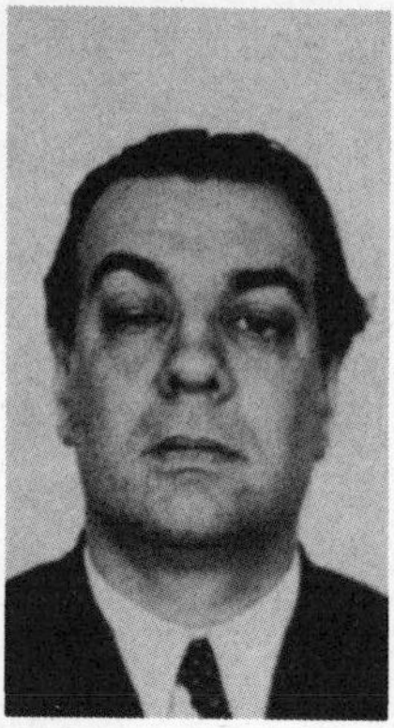

Borges

Bioy

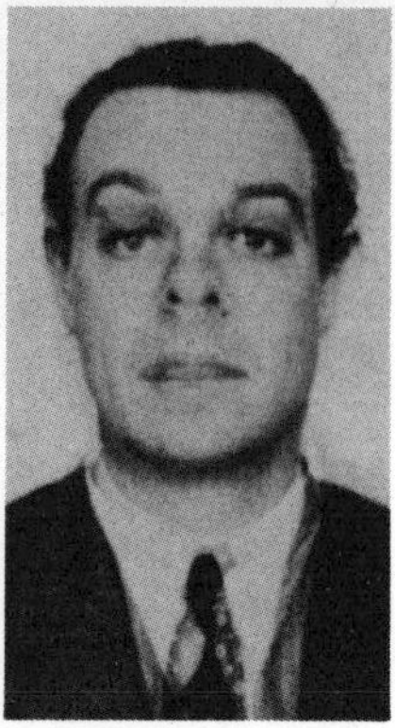

Biorges

köche, Dichter, Romanschriftsteller, Couturiers –, geschrieben von einem hingebungsvoll modernen Kritiker. Aber alle, der Autor wie seine Personen, sind Narren, und es ist schwer zu unterscheiden, wer wen auf den Arm nimmt. Das Buch trägt die Widmung: »Den drei vergessenen Großen – Picasso, Joyce, Le Corbusier.« Selbst der Stil ist parodistisch. Bustos schreibt literarischen Journalismus, wimmelnd von Neologismen, latinisiertem Vokabular, Klischees, zweifelhaften Metaphern, Fehlschlüssen und Schwulst.

Ich bin oft gefragt worden, wie solch eine Zusammenarbeit möglich ist. Ich glaube, sie erfordert die gemeinsame Aufgabe des Ich, der Eitelkeit und wohl auch der allgemeinen Höflichkeit. Die Zusammenarbeitenden sollten sich vergessen und nur im Rahmen der Aufgabe denken. Tatsächlich, wenn jemand mich fragte, ob dieser oder jener Scherz oder ein Epitheton von meiner Seite des Tisches oder von Bioy stammt, so könnte ich es ihm wahrhaftig nicht sagen. Ich habe versucht, mit anderen Freunden zusammenzuarbeiten – darunter mit sehr nahestehenden –, aber ihr Unvermögen, einerseits freimütig zu sein und andererseits dickhäutig, ließ diese Methode scheitern. Was die ›Chroniken des Bustos Domecq‹

angeht, so halte ich sie für gelungener als alles, was ich unter eigenem Namen veröffentlicht habe, und fast so gut wie alles, was Bioy selbst geschrieben hat.

1950 wurde ich zum Präsidenten der *Sociedad Argentina de Escritores* (›Argentinische Schriftstellergesellschaft‹) gewählt. Die argentinische Republik, damals wie heute, ist ein nachgiebiges Land, und die S.A.D.E. war eines der wenigen Bollwerke gegen die Diktatur. Dies war so offensichtlich, daß viele hervorragende Literaten bis nach der Revolution nicht wagten, den Fuß über ihre Schwelle zu setzen. Ein merkwürdiger Zug der Diktatur war, daß sogar ihre erklärten Stützen immer klarstellten, sie nähmen die Regierung in Wirklichkeit nicht ernst, sondern handelten aus reinem Selbstinteresse. Das wurde verstanden und verziehen, denn die meisten meiner Landsleute haben ein intellektuelles, um nicht zu sagen moralisches Gewissen. Fast all die schmutzigen Witze über Perón und seine Frau haben die Peronisten selbst erfunden, womit sie versuchten, ihr eigenes Gesicht zu wahren. Die S.A.D.E. wurde schließlich geschlossen. Ich erinnere mich an die letzte Vorlesung, die ich dort halten durfte. Unter der ziemlich kleinen Zuhörerschaft befand sich ein sehr verwirrter Polizist, der sich unbeholfen abmühte, ein paar meiner Bemerkungen über den persischen Sufismus zu notieren. In dieser düsteren, hoffnungslosen Zeit stand meine Mutter – damals in den Siebzigern – unter Hausarrest. Meine Schwester und einer meiner Neffen verbrachten einen Monat im Gefängnis. Ich selbst hatte einen Detektiv auf den Fersen, den ich erst auf lange, ziellose Spaziergänge mitnahm und mit dem ich mich schließlich anfreundete. Er gab zu, daß auch er Perón hasse, Befehlen jedoch gehorche. Ernesto Palacio bot mir einmal an, mich dem Unaussprechlichen vorzustellen, aber ich wollte ihn nicht kennenlernen. Wie konnte ich mich einem Mann vorstellen lassen, dessen Hand ich nicht schütteln würde?

Die langersehnte Revolution kam im September 1955. Nach einer schlaflosen, angstvollen Nacht lief fast die ganze Bevölkerung auf die Straßen, ließ die Revolution hochleben und schrie den Namen von Córdoba, wo die meisten Kämpfe stattgefunden hatten. Wir waren so mitgerissen, daß wir eine Zeitlang nicht den Regen spürten, der uns bis auf die Knochen durchnäßte. Wir waren so glücklich, daß gegen den gestürzten Diktator kein einziges Wort laut wurde. Perón versteckte sich und durfte später das Land verlassen. Niemand weiß, wieviel Geld er ungestraft verschoben hat.

Zwei sehr liebe Freundinnen, Esther Zemborain de Torres und Victoria Ocampo, träumten von der Möglichkeit meiner Ernennung zum Direktor der Nationalbibliothek. Ich hielt diese Idee für abenteuerlich und hoffte höchstens auf den Direktorposten einer Kleinstadt-Bibliothek, am liebsten im Süden der Stadt. Innerhalb eines Tages wurde eine Bittschrift unterzeichnet von der Zeitschrift ›Sur‹ (sprich Victoria Ocampo), von der wiedereröffneten S.A.D.E. (sprich Carlos Alberto Erro), von der Argentinischen Gesellschaft für Englische Kultur (sprich Carlos del Campillo) und vom Colegio Libre de Estudios Superiores (sprich Luis Reissig). Sie wurde auf den Schreibtisch des Erziehungsministeriums gelegt, und ich wurde von General Eduardo Leonardi, dem amtierenden Vorsitzenden, für den Direktorposten ernannt. Einige Tage vorher waren meine Mutter und ich abends zu der Bibliothek gegangen, um das Gebäude in Augenschein zu nehmen, doch aus Aberglauben betrat ich es nicht. »Nicht bevor ich den Posten habe«, sagte ich. In derselben Woche wurde ich zur Übernahme in die Bibliothek gerufen. In Anwesenheit meiner Familie hielt ich vor den Angestellten eine Rede, in der ich ihnen mitteilte, daß ich jetzt der Direktor sei – der unglaubliche Direktor. Gleichzeitig wurde José Edmundo Clemente, der einige Jahre vorher Emecé zur Herausgabe meiner Werke hatte bewegen können, stellvertretender Direktor. Natürlich kam ich mir sehr wichtig vor, aber wir bekamen die folgenden drei Monate kein Gehalt. Ich glaube, mein Vorgänger, der Perón-Anhänger war, wurde nie regelrecht entlassen. Er kam nur nie wieder in die Bibliothek. Sie ernannten mich zu der Stellung, gaben sich aber nie die Mühe, ihn seines Amtes zu entheben.

Eine weitere Freude wurde mir ein Jahr darauf zuteil, als ich zum Professor für Englische und Amerikanische Literatur an der Universität Buenos Aires berufen wurde. Andere Kandidaten hatten fleißige Listen ihrer Übersetzungen, Schriften, Vorlesungen und anderer Leistungen eingesandt. Ich beschränkte mich auf folgende Darlegung: »Ganz unbeabsichtigt habe ich mich mein Leben hindurch für dieses Amt qualifiziert.« Meine einfache Stellungnahme gewann. Ich wurde angestellt und verbrachte zehn oder zwölf glückliche Jahre an der Universität.

Meine Erblindung war seit meiner Kindheit allmählich fortgeschritten. Wie eine langsame Sommerdämmerung. Daran war nichts besonders Ergreifendes oder Dramatisches. Seit 1927 mußte ich acht Augenoperationen über mich ergehen lassen, aber seit den späten fünfziger Jahren, als ich das ›Gedicht von den Gaben‹ schrieb, war ich zum Lesen und Schreiben zu blind. Blindheit zog sich durch meine Familie; die Beschreibung einer Augenoperation, durchgeführt an meinem Urgroßvater, Edward Young Haslam, erschien in der Londoner medizinischen Zeitschrift ›Lancet‹. Blindheit schien auch die Direktoren der Nationalbibliothek zu verfolgen. Zwei meiner hervorragenden Vorgänger, José Mármol und Paul Groussac, erlitten das gleiche Schicksal. In meinem Gedicht spreche ich von Gottes glänzender Ironie, mir gleichzeitig achthunderttausend Bücher und Dunkelheit zu schenken.

Eine bedeutende Konsequenz meiner Erblindung war mein Verzicht auf freie Verse zugunsten klassischer Versmaße. Tatsächlich veranlaßte mich die Blindheit wieder zum Schreiben von Lyrik. Da mir Rohentwürfe versagt waren, mußte ich auf mein Gedächtnis zurückgreifen. Offenbar ist es einfacher, sich auf Verse zu besinnen als auf Prosa, und einfacher, sich auf regelrechte Versformen zu besinnen als auf freie Verse. Regelrechte Versformen kann man sozusagen mitnehmen. Man kann eine Straße entlanggehen oder Untergrundbahn fahren und dabei ein Sonett entwerfen und ausbügeln, denn Rhythmus und Metrik haben mnemonische Tugenden. Ich schrieb in jenen Jahren Dutzende von Sonetten und längeren Gedichten, die aus elfsilbigen Vierzeilern bestehen. Ich hatte Lugones für meinen Lehrmeister gehalten, aber als die Gedichte fertig waren, meinten Freunde, sie seien den seinen leider ganz unähnlich. Durch meine spätere Dichtung läuft ein erzählerischer Faden. Ich denke tatsächlich an Handlungen in meinen Gedichten. Vielleicht liegt der hauptsächliche Unterschied zwischen Lugones und mir darin, daß er die Französische Literatur als Vorbild wählte und intellektuell in einer französischen Welt lebte, wogegen ich mich an der Englischen Literatur orientiere. In dieser neuen dichterischen Phase dachte ich nicht wie früher daran, eine logische Folge von Gedichten aufzubauen, vielmehr galt mein Interesse jedem einzelnen als solchem. Auf diese Weise schrieb ich Gedichte so unterschiedlicher Thematik wie über Emerson und Wein, Snorri Sturluson und das Stundenglas, den Tod meines Großvaters und die Enthauptung Karls I. Außerdem machte ich mich daran, meine literarischen Helden zu verwerten: Poe, Swedenborg, Whitman, Heine, Camões, Jonathan Edwards und Cervantes. Und natürlich wurde Spiegeln, dem Minotaurus und Messern gebührender Tribut gezollt.

Die Metapher hatte mich schon immer angezogen, und diese Neigung führte mich zum Studium der einfachen angelsächsischen Kenningar und der äußerst kunstvollen norwegischen. Schon 1932 hatte ich sogar einen Essay über sie geschrieben. Die absonderliche Vorstellung, soweit wie möglich Metaphern statt schlichter Substantive zu benutzen und unter diesen Metaphern solche, die zugleich herkömmlich und willkürlich waren, verwirrte und reizte mich zugleich. Später kam mir der Verdacht, der Zweck dieser Gebilde läge nicht nur im Vergnügen, den der Aufwand und Umstand beim Zusammenstellen von Wörtern mir bereiteten, sondern auch in den Anforderungen der Alliteration. An sich sind die Kenningar nicht besonders witzig; ein Schiff »See-Hengst« oder die offene See »Wal-Straße« zu nennen, ist keine große Leistung. Die nordischen Skalden gingen noch einen Schritt weiter und nannten die See »die See-Hengst-Straße«, wodurch das, was ursprünglich ein Bild war, zur angestrengten Gleichung wurde. So führte mich die Erforschung der Kenningar zum Studium von Alt-Englisch und Alt-Norwegisch. Ein weiterer Faktor, der mich antrieb, war meine Abstammung. Es mag nichts als romantischer Aberglauben sein, aber die Tatsache, daß die Haslams in Northumbria und Mercia lebten – oder wie es heute heißt: Northumberland und Midlands –, verbindet mich mit einer angelsächsischen und vielleicht dänischen Vergangenheit. (Meine Vorliebe für solch nordische Vergangenheit ist mir von einigen meiner nationalistischeren Landsleute, die mich als Engländer betitelten, verübelt worden, aber ich brauche nicht zu betonen, daß viele englische Dinge mir äußerst fremd sind: Tee, die königliche Familie, »männliche« Sportarten, die Anbetung jeder vom achtlosen Shakespeare geschriebenen Zeile.)

Am Schluß eines meiner Universitäts-Lehrgänge kamen mehrere meiner Studenten zu mir in die Bibliothek. Wir hatten gerade innerhalb von vier Monaten die ganze englische Literatur von Beowulf bis Bernard Shaw durchgepaukt, und ich fand, wir sollten nun etwas Ernsthaftes arbeiten. Ich schlug vor, am Anfang anzufangen, und alle stimmten zu. Ich wußte, daß ich zu Hause auf einem obersten Regalbrett Exemplare von Sweets *Anglo-Saxon Reader* und den *Anglo-Saxon Chronicles* hatte. Als die Studenten am folgenden Samstagmorgen kamen, begannen wir mit dem Lesen dieser beiden Bücher. Wir übersprangen so gut wir konnten die Grammatik und sprachen die Wörter deutsch aus. Plötzlich verliebten wir uns in einen Satz, in dem Rom (Romeburh) vorkam. Wir wurden ganz betrunken von den Wörtern und, die Peru-Straße hinunterlaufend, brüllten wir sie lauthals. Damit hatten wir uns auf ein langes Abenteuer eingelassen. Ich hatte die Englische Literatur immer für die reichste der Welt gehalten; an der Schwelle zu dieser Literatur eine geheime Kammer zu entdecken, war für mich ein zusätzliches Geschenk. Ich persönlich wußte, daß das Abenteuer endlos sein würde und daß ich Alt-Englisch weiterstudieren könnte bis ans Ende meiner Tage. Die Freude am Studieren, nicht die Eitelkeit des Beherrschens, ist mein Hauptziel gewesen, und ich wurde die vergangenen zwölf Jahre nie enttäuscht. Was mein jüngstes Interesse am Alt-Norwegischen betrifft, so ist dies nur ein logischer Schritt, da beide Sprachen eng miteinander verbunden sind, und weil Alt-Norwegisch die Krone der gesamten mittelalterlichen germanischen Literatur ist. Meine Ausflüge ins Alt-Englische waren rein persönlicher Natur und fanden daher ihren Niederschlag in einer Anzahl meiner Gedichte. Ein Universitätskollege nahm mich einmal beiseite und fragte bestürzt: »Was soll das, ein Gedicht zu veröffentlichen mit dem Titel: ›Zu Beginn des Studiums der angelsächsischen Grammatik‹?« Ich versuchte ihm klarzumachen, daß Angelsächsisch für mich eine ebenso innige Erfahrung sei wie das Betrachten eines Sonnenuntergangs oder sich verlieben.

Um 1954 begann ich kurze Prosastücke zu schreiben – Skizzen und Parabeln. Eines Tages erklärte mir mein Freund Carlos Frías von Emecé, er brauche ein neues Buch von mir für die Reihe meiner sogenannten ›Gesammelten Werke‹. Ich sagte, ich hätte keines, aber Frías meinte hartnäckig: »Jeder Schriftsteller hat ein Buch, wenn er sich nur danach umsieht.« Zu Hause an einem müßigen Sonntag beim Durchsuchen meiner Schubladen begann ich unveröffentlichte Gedichte aufzustöbern und Prosastücke, von denen einige zurückgingen auf meine Tage bei der ›Crítica‹. Aus diesen aussortierten, zusammengestellten und 1960 veröffentlichten Restbeständen wurde *El hacedor* (wörtlich ›Der Macher‹, deutsch: ›Borges und ich‹). Bemerkenswerterweise scheint dieses Buch, das ich mehr zusammengesucht als geschrieben habe, meine persönlichste und für meinen Geschmack vielleicht beste Arbeit zu sein. Die Erklärung ist einfach genug: Die Seiten von ›Borges und ich‹ enthalten kein Geschwafel. Jedes Stück wurde um seiner selbst willen geschrieben und aus innerer Notwendigkeit. Zu der Zeit, als ich es in Angriff nahm, war mir aufgegangen, daß Schönschreiben ein Fehler ist, und zwar ein aus Eitelkeit geborener Fehler. Gutes Schreiben, davon bin ich überzeugt, sollte unaufdringlich geschehen.

Auf der letzten Seite des Buches erzählte ich von einem Mann, der sich aufmacht, ein Abbild des Universums zu schaffen. Nach vielen Jahren hat er eine kahle Wand bedeckt mit Bildern von Schiffen, Türmen, Pferden, Waffen und Menschen, und erst im Augenblick seines Todes stellt er fest, daß er ein Abbild seines eigenen Gesichts gezeichnet hat. Dies könnte für alle Bücher gelten; sicher gilt es für das erwähnte Buch.

Vielbeschäftigte Jahre

Ruhm war, wie meine Blindheit, allmählich auf mich zugekommen. Ich hatte ihn nie erwartet, nie gesucht. Néstor Ibarra und Roger Caillois, die mich in den frühen fünfziger Jahren mutig ins Französische übersetzt hatten, waren meine ersten Wohltäter. Ich vermute, daß ihre Pionierarbeit den Weg ebnete für den Formentor-Preis, den ich 1961 mit Samuel Beckett teilen konnte, denn bevor meine Arbeiten in Französisch erschienen, war ich praktisch unsichtbar – nicht nur im Ausland, sondern auch zu Hause in Buenos Aires. Als Folge dieses Preises schossen meine Bücher wie die Pilze über Nacht aus dem Boden der ganzen westlichen Welt.

Im selben Jahr wurde ich unter der Schirmherrschaft von Edward Larocque Tinker als Gastprofessor an die Universität von Texas eingeladen. Dies war meine erste physische Begegnung mit Amerika. In gewisser Hinsicht war ich durch meine Lektüren schon immer dort gewesen, und dennoch, wie sonderbar kam es mir vor, als ich in Austin auf dem Universitätsgelände die Grabenstecher Englisch sprechen hörte, eine

Sprache, von der ich bis dahin immer den Eindruck gehabt hatte, sie sei dieser Klasse von Leuten verwehrt. Tatsächlich hatte Amerika in meinem Geist solch mythische Proportionen angenommen, daß ich ehrlich gesagt verwundert war, dort so gewöhnliche Dinge wie Unkraut, Schlamm, Pfützen, ungepflasterte Straßen, Fliegen und streunende Hunde vorzufinden. Wenn wir auch zeitweise unter Heimweh litten, so weiß ich doch heute, daß meine Mutter – die mich begleitete – und ich Texas lieben lernten. Sie, die Football nie ausstehen konnte, freute sich über u n s e r e n Sieg, wenn die Longhorns die benachbarten Bears besiegten. Hatte ich an der Universität einen Kursus über Argentinische Literatur beendet, so nahm ich teil an einem anderen, als Student angelsächsischer Gedichte bei Dr. Rudolph Willard. Meine Tage waren angefüllt. Ich fand die amerikanischen Studenten, verglichen mit dem Durchschnitt argentinischer, viel interessierter an ihren Fächern als an ihren Examen. Ich versuchte sie für Ascasubi und Lugones zu interessieren, aber sie befragten und interviewten mich hartnäckig nach meiner eigenen Produktion. Ich verbrachte soviel Zeit wie möglich mit Ramón Martínez López, der als Philologe meine Leidenschaft für Etymologie teilte und mich vieles lehrte. Während dieser sechs Monate in den Staaten machten wir ausgedehnte Reisen, und von Küste zu Küste las ich an Universitäten. Ich sah Neu-Mexiko, San Francisco, New York, Neu-England und Washington. Ich fand, Amerika sei die freundlichste, nachsichtigste und großzügigste Nation, die ich je besucht hatte. Wir Südamerikaner neigen zu opportunistischem Denken, während die Einwohner der Vereinigten Staaten die Dinge ethisch angehen. Der Amateur-Protestant in mir bewunderte das über alle Maßen. Es half mir sogar, Wolkenkratzer zu übersehen, Papiertüten, Fernsehen, Plastik und den heillosen Dschungel von Krimskrams.

Meine zweite Amerikareise fand 1967 statt, als ich den Charles Eliot Norton-Lehrstuhl für Poesie in Harvard einnahm, wo ich vor wohlmeinenden Hörern über ›Das Hand-

Mit der Mutter in Texas, 1961

werk des Versemachens‹ las. Ich verbrachte sieben Monate in Cambridge, unter anderem mit einem Kursus über argentinische Schriftsteller, und bereiste ganz Neu-England, wo anscheinend alles Amerikanische, einschließlich des Westens, erfunden worden ist. Ich unternahm zahlreiche literarische Pilgerfahrten – zu den Gedenkstätten Hawthornes in Salem, Emersons in Concord, Melvilles in New Bedford, Emily Dikkinsons in Amherst und Longfellows gleich um die Ecke von meiner Wohnung aus. Meine Freunde in Cambridge schienen sich zu vermehren: Jorge Guillén, John Murchison, Juan Marichal, Raimundo Lida, Hector Ingrao und ein persischer Physiker, der eine Theorie sphärischer Zeit entwickelt hatte, die ich nicht ganz verstehe, aber eines Tages zu plagiieren gedenke – Farid Hushfar. Außerdem lernte ich Schriftsteller wie Robert Fitzgerald kennen, John Updike und den verstorbenen Dudley Fitts. Ich nutzte jede Gelegenheit, neue Teile des Kontinents kennenzulernen: Iowa, wo meine heimatliche Pampa mich erwartete; Chicago, das an Carl Sandburg erinnerte; Missouri, Maryland, Virginia. Am Ende meines Aufenthaltes wurde ich reich geehrt mit einer Lesung meiner Gedichte im Poetry Center der ›Hebräischen Gesellschaft junger Männer und Frauen‹ in New York, wo verschiedene meiner Übersetzer vortrugen und eine Anzahl Dichter sich im Publikum befand. Eine dritte Reise in die Vereinigten Staaten, im November 1969, verdanke ich dem Wohlwollen von Lowell Dunham und Ivar Ivask an der Universität von Oklahoma, die mich zu Kolloquien einluden und eine Gruppe Schüler zusammenriefen, die meine Arbeit durch kritische Anmerkungen bereicherte. Ivask schenkte mir einen fischförmigen finnischen Dolch – völlig anders als die Formen der Tradition im alten Palermo meiner Knabenzeit.

Wenn ich auf die letzten zehn Jahre zurückblicke, so scheine ich ein rechter Wanderer gewesen zu sein. Dank Neil MacKay vom British Council in Buenos Aires konnte ich 1963 England und Schottland besuchen. Auch dort unternahm ich, wieder in Gesellschaft meiner Mutter, meine Pilgerfahrten: nach London, wimmelnd von literarischen Erinnerungen; nach Lichfield und zu Dr. Johnson; nach Manchester und De Quincey; nach Rye und Henry James; zum Lake Country; nach Edinburgh. Ich besuchte den Geburtsort meiner Großmutter in Hanley, einer der Five Towns – Arnold Bennett-Land. Schottland und Yorkshire gehören für mein Gefühl zu den bezauberndsten Gegenden der Erde. Irgendwo zwischen den schottischen Hügeln und Tälern ergriff mich wieder das sonderbare Gefühl von Einsamkeit und Kälte, das ich schon kannte; es dauerte eine Weile, bis ich dieses Gefühl zurückverfolgen konnte bis zu den weitausgedehnten Öden Patagoniens. Ein paar Jahre später machte ich, diesmal in Begleitung von María Esther Vázquez, eine weitere Europareise. In England wohnten wir in dem schönen verzweigten Haus des inzwischen verstorbenen Herbert Read, draußen im Moor. Er nahm uns mit nach Yorkminster, wo er uns alte dänische Schwerter im Viking-Yorkshire-Raum des Museums zeigte. Ich schrieb später ein Sonett über eines der Schwerter, und kurz vor seinem Tod korrigierte und verbesserte Sir Herbert meinen ursprünglichen Titel, indem er vorschlug, statt ›An ein Schwert in York‹ ›An ein Schwert in Yorkminster‹ zu sagen. Anschließend, auf Einladung meines schwedischen Verlegers Bonnier und des argentinischen Botschafters, fuhren wir nach Stockholm. Stockholm und Kopenhagen zähle ich zu den unvergeßlichsten Städten, wie San Francisco, New York, Edinburgh, Santiago de Compostela und Genf.

Zu Beginn des Jahres 1969 verbrachte ich auf Einladung der israelischen Regierung zehn sehr aufregende Tage in Tel Aviv und Jerusalem. Ich kam zurück mit der Überzeugung, die älteste und zugleich jüngste Nation erlebt zu haben, aus einem ganz lebendigen, wachsamen Land zum anderen verschlafenen Ende der Welt heimzukehren. Seit meinen Genfer Tagen hatte ich mich immer für die jüdische Kultur interessiert und sie als wesentlichen Bestandteil unserer sogenannten westlichen Zivilisation angesehen, so daß ich vor einigen

Jahren während des israelisch-arabischen Krieges mich dabei ertappte, wie ich sofort Stellung bezog. Noch als der Ausgang unsicher war, schrieb ich ein Gedicht über diesen Kampf. Eine Woche später schrieb ich ein weiteres über den Sieg. Natürlich war Israel zu der Zeit meines Besuches noch ein bewaffnetes Feldlager. Dort, am galiläischen Gestade, erinnerte ich mich immer der Zeilen von Shakespeare:

> Auf dessen Fluren die gesegneten Füße wanderten
> Die vor vierzehnhundert Jahren zu unserem Heil
> genagelt wurden an das bittere Kreuz.

Nun, trotz meiner Jahre, gedenke ich der vielen Felsen, die ich nicht verrückt habe, und anderer, die ich von neuem verrücken möchte. Noch immer hoffe ich das mormonische Utah zu sehen, worauf ich als Knabe durch Mark Twains *Roughing It* stieß und im ersten Buch der Sherlock Holmes-Saga *A Study in Scarlet* hingewiesen worden war. Ein weiterer Tagtraum ist eine Pilgerfahrt nach Island, und noch ein anderer, Texas und Schottland wiederzusehen.

Mit einundsiebzig Jahren bin ich noch immer hart an der Arbeit und erfüllt von Plänen. Letztes Jahr schrieb ich einen neuen Gedichtband *Elogio de la sombra* (›Lob des Schattens‹). Es war mein erster vollständig neuer Band seit 1960, und es waren die ersten Gedichte seit 1929, die ich im Hinblick auf ein Buch schrieb. Meine Hauptabsicht in diesem Buch, erkennbar an einigen Beispielen, ist ethischer Natur, unabhängig von jeder religiösen oder anti-religiösen Neigung. ›Schatten‹ in der Überschrift bedeutet beides, Blindheit und Tod. Um *Elogio* zu beenden, arbeitete ich jeden Vormittag in der Nationalbibliothek, wo ich diktieren konnte. Ich hatte am Ende eine angenehme Routine entwickelt, eine so angenehme, daß ich sie beibehielt und anfing, Erzählungen zu schreiben. Diese seit 1953 ersten Erzählungen veröffentlichte ich dieses Jahr. Der Band heißt *El informe de Brodie* (›David Brodies Bericht‹). Er besteht aus einer Anzahl bescheidener

Mit 70 Jahren

Experimente des schlichten Geschichtenerzählens und ist das Buch, von dem ich in den vergangenen fünf Jahren oft sprach. Kürzlich vervollständigte ich das Script zu einem Film, der *Los Otros* (›Die Anderen‹) heißen soll. Die Handlung stammt von mir; der Text entstand in Gemeinschaft mit Adolfo Bioy Casares und dem jungen argentinischen Regisseur Hugo Santiago. Meine Nachmittage gehören zur Zeit einem lange gehegten, langwierigen Projekt: Seit fast drei Jahren habe ich das Glück, meinen eigenen Übersetzer an meiner Seite zu haben, und zusammen wollen wir zehn oder zwölf Bände meines Werkes in Englisch herausbringen, einer Sprache, die zu handhaben ich nicht würdig bin, einer Sprache, von der ich immer gewünscht habe, sie wäre mein Geburtsrecht gewesen.

Ich beabsichtige, ein neues Buch zu beginnen, eine Reihe persönlicher – ungelehrter – Essays über Dante, Ariost und mittelalterliche nordische Themen. Außerdem möchte ich ein Buch schreiben mit zwanglosen, rückhaltlosen Meinungen, mit Einfällen, Reflexionen und privaten Ketzereien. Dann, wer weiß?, habe ich noch eine Reihe von erhorchten oder erfundenen Geschichten zu erzählen. Zur Zeit beende ich eine lange Erzählung, die ›Der Kongreß‹ heißt. Trotz ihres kafkaesken Titels, hoffe ich, wird sie sich eher auf der Linie von Chesterton bewegen. Schauplätze sind Argentinien und Uruguay. Zwanzig Jahre lang habe ich meine Freunde mit der rohen Handlung gelangweilt. Schließlich sah ich ein, daß keine weitere Ausarbeitung nötig war. Ich habe ein weiteres Projekt, das sogar seit noch längerer Zeit schwebt – nämlich meines Vaters Roman *Der Caudillo* zu sichten oder vielleicht neu zu schreiben, worum er mich vor Jahren bat. Wir hatten bereits manche Frage erörtert; ich stelle mir das Unternehmen gern als fortgesetzten Dialog vor und als echte Zusammenarbeit.

Die Menschen sind unerklärlich gut zu mir gewesen. Ich habe keine Feinde, und wenn sich gewisse Personen als solche maskiert haben, so waren sie viel zu gutmütig, als daß sie mich je verletzen konnten. Wann immer ich etwas gegen mich Gerichtetes lese, teile ich nicht nur die Auffassung, sondern fühle, daß ich diese Aufgabe selbst viel besser ausführen könnte. Vielleicht sollte ich möglichen Feinden raten, mir ihre Beschwerden vorher einzusenden, wobei sie meiner ganzen Hilfe und Unterstützung gewiß sein dürften. Ich habe mich schon heimlich danach gesehnt, unter einem Pseudonym eine gnadenlose Tirade gegen mich selbst zu verfassen. Oh, die ungeschminkten Wahrheiten, die ich hege!

In meinem Alter sollte man sich seiner Grenzen bewußt sein und dieses Wissen als Glück auffassen. Als ich jung war, hielt ich die Literatur für ein geschicktes Überraschungsspiel mit Variationen; jetzt, nachdem ich meine eigene Stimme gefunden habe, fühle ich, daß Flicken und Stopfen meine Entwürfe weder besonders verbessern noch besonders verderben. Natürlich ist dies eine Sünde wider eine der hauptsächlichsten Zeitströmungen in der Literatur unseres Jahrhunderts – die Eitelkeit übertriebener Stilpflege –, die einen Mann wie Joyce dazu verleitete, kostspielige Fragmente, gewichtig tituliert *Work in Progress*, zu veröffentlichen. Ich glaube, meine beste Arbeit ist getan. Dies gibt mir eine gewisse stille Befriedigung und Gelassenheit. Und doch fühle ich, daß ich mich noch nicht ausgeschrieben habe. In gewisser Weise scheint mir die Jugendfrische heute näher zu sein als in jungen Jahren. Ich betrachte das Glück nicht mehr als unerreichbar; einst, vor langer Zeit, tat ich das. Jetzt weiß ich, daß es sich jederzeit einstellen kann, daß man es nur nicht suchen darf. Versagen oder Ruhm, beides ist belanglos, und ich kümmere mich um keines von beiden. Jetzt steht mir der Sinn nach Frieden, nach der Freude am Denken, nach Freundschaft und, mag dies auch allzu ehrgeizig klingen, danach, zu lieben und geliebt zu werden.

Aus dem Englischen von
Christiane Meyer-Clason

In der Nationalbibliothek, 1971

Fritz Rudolf Fries
Die aufgehobene Zeit oder der Leser als Autor

> Ich habe einen Teil meines Lebens der Literatur gewidmet, und ich halte die Lektüre für eine der Formen der Glückseligkeit.
>
> *Jorge Luis Borges,* ›Das Buch‹

Erzählt wird, wie der erblindende Jorge Luis Borges noch einmal die Nationalbibliothek von Buenos Aires aufsucht. Die Bibliothekare in ihren Magazinen erschrecken. Sie verstecken sich vor ihrem ehemaligen Direktor, vielleicht aus Scham, einen hilflos Blinden von Regal zu Regal irren zu sehen, mit ausgestreckter Hand auf der Suche nach einem Buch, das nicht existiert, weil er es nicht erkennen kann. Borges beschämt sie tatsächlich: er berührt Buch für Buch und nennt Titel und Verfasser. Er zitiert Sätze seiner bevorzugten Autoren, er fügt seinem Ruhm diese eine neue Seite hinzu: Er ist der Seher im Labyrinth der nicht endenden Welt des Buches. Wie Homer ist Borges schon zu Lebzeiten zu einem Mythos geworden. Der Unterschied von einem zum andern ist sozusagen nur einer in der historischen Zeit, die Borges nicht anerkennt. Der 1899 geborene Seher Argentiniens ist ein unter uns lebender Schriftsteller. Das heißt, er unterliegt wie wir alle der Zensur des Vorurteils, des Gerüchts, der Stilisierung. Und immer wieder verliert er von Jahr zu Jahr das Rennen um die Gunst der Schiedsrichter von Stockholm; wie ist es möglich, daß der größte Dichter spanischer Sprache in unserer Zeit hinter Neruda, Aleixandre oder García Márquez zurückbleibt und keinen Nobelpreis bekommt?

Vielleicht liebt Borges die Literatur nicht in dem Maße, daß er sie als ein Hilfsmittel im tagtäglichen Kampf der Meinungen einsetzen möchte. Von Anfang an gibt es in seinem Werk eine Art Verschämtheit, was die eigene Person angeht – Borges möchte kenntlich machen, was andere vor ihm gemeint haben. Er selber aber möchte jenes bekannte Wort Rimbauds auf sich anwenden: »Ich ist ein Anderer.« In der ›Ethik des Lesers‹ schreibt Borges: »Wohl aber ist Literatur eine Kunst, die jene Zeit vorauszuverkünden vermag, in der sie verstummt sein wird, die imstande ist, sich in die eigene Auflösung zu verlieben und ihr Ende zu umwerben.« Das klingt seltsam, man vermißt die oft eitle Überzeugungskraft, mit der ein Autor sich selber einbringt. Es läßt den Verdacht zu, hier sähe sich ein Autor am liebsten auf der Seite des Lesers, welche in gewisser Weise die Seite der Freiheit ist, der Freiheit beliebiger Verwandlung. »Die leidenschaftlich Entflammten«, so fragt Borges in seinem Essay ›Neue Widerlegung der Zeit‹, »die sich einer Zeile von Shakespeare überlassen: sind sie nicht, buchstäblich, Shakespeare?«

Lesen, das Sammeln und Verwalten von Büchern, als eine Form der Glückseligkeit. Aber was ist Glückseligkeit? Das Wort erinnert an eine Zeit ohne Schmerzen, die für Schopenhauer eine Voraussetzung des Glücks ist; es erinnert auch an eine Zeit ohne Verantwortung, ohne irdische Aufgaben. Griechenland, die Gnosis, Schopenhauer, jenes alte Gleichnis von Achill und der Schildkröte: für Borges sind das, wie seine Essays zeigen, Stichworte aus seinem Katalog der Glückseligkeiten. Das Lesen als eine Erfahrung von Dauer in der Zeit, Literatur und Zeit als siamesische Zwillingsschwestern, die in einem Labyrinth wohnen. Als doppelt Gefangene können sie das Labyrinth nicht erkunden. Ein Dritter nur kann sie befreien, der Leser. Man könnte dieses Thema in einer Kurzgeschichte von Borges wiederfinden, die es vielleicht gibt und an die ich mich nicht erinnern kann. Denn dieser Autor ist gefährlich, er okkupiert die Phantasien des Lesers, die eigene Wirklichkeit wird belagert, die eigene Chimäre setzt sich an den Tisch zu der Chimäre des Autors, vielleicht zu einem gemeinsamen Schachspiel.

Zum Rätsel in der Biographie des Autors Borges gehört es, die Aufhebung der Persönlichkeit mit Hilfe der Identitätsfindung zu erreichen. Das ist weniger paradox, als es klingt, und womöglich braucht man dafür die Dauer eines Lebens, das heute so lange währt wie unser gefährdetes Jahrhundert.

Zu den Erfahrungen des Direktors der Nationalbibliothek gehörte es, die Bibliothek von Babel verlassen zu müssen und sich auf die Bibliothek der eigenen vier Wände einer Dreizimmerwohnung im 6. Stock am Platz von San Martín in Buenos Aires beschränken zu müssen. Da in Argentinien Perón 1946 an die Macht kommt und seine auf Großgrundbesitz, Rinderzucht, Handelsbourgeoisie und Klerus errichtete Diktatur aufbaut, wird Borges eines Tages von der Neuigkeit überrascht, er sei aus der Bibliothek »befördert« worden zum Inspektor für Geflügel und Kaninchen auf den öffentlichen Märkten. Argentinien, ein auf dem Kopf stehendes griechisch-römisches Imperium? Die Scherze der Diktatoren haben eine mehr als zweitausendjährige Tradition. Homer als Schweinehüter? Oder wurde Borges eine der Aufgaben des Herkules zudiktiert? Als er den Grund für seine seltsame Beförderung erfahren will, erklärt ihm ein Beamter: »Sie waren doch auf der Seite der Alliierten. Was erwarten Sie eigentlich?«

Dabei ist Argentinien bis zum 27. März 1945 ein neutrales Land (an jenem Tag erklärte es Deutschland den Krieg); für England war es seit dem 19. Jahrhundert eine »billige Kolonie« gewesen, für die Alliierten ein Fleisch- und Weizenlieferant.

Borges' antifaschistische Gesinnung, die sich in Erzählungen und Äußerungen dokumentiert, mag seine Wurzel auch in seiner Anglomanie haben, in seiner frühen Vertrautheit mit der englischen Sprache, als ein Erbteil seiner Großmutter väterlicherseits, Fanny Haslam.

Man sollte diesen Teil der Biographie des Autors nicht vergessen, wenn man heute ungläubig davon liest, wie Borges, der erklärte Feind des 1955 gestürzten Diktators Perón, sich von einem anderen lateinamerikanischen Diktator dekorieren läßt. Borges ist ein Bewunderer soldatischer Traditionen, wie sie in seiner Familie aus den Unabhängigkeitskriegen überliefert sind. »Ich schämte mich schon sehr früh, eine Art Bücherwurm zu sein und kein Mann der Tat.« In seinem Gedicht ›Die zyklische Nacht‹ schreibt Borges:

> Hier ist Buenos Aires. Die Zeit, die sonst den Menschen
> Liebe bringt oder Gold, läßt mir kaum
> diese erloschene Rose, dieses eitle Gewirr
> von Straßen, die die vergangenen Namen
> meines Blutes tragen: Laprida, Cabrera, Soler, Suárez.

In den Kriegen gegen Spanien kämpfte Borges' Urgroßvater Oberst Isidoro Suárez; ein anderer Vorfahr, Francisco Narciso de Laprida, unterschrieb als Präsident des Abgeordnetenhauses die argentinische Unabhängigkeitserklärung. Der Urgroßvater Suárez kämpfte gegen den Diktator Rosas.

Borges' Vater kam aus begüterter Familie. Er war Rechtsanwalt und versuchte sich als Schriftsteller. Er verlor sein Augenlicht schon mit jungen Jahren. Die Blindheit und die Literatur wurden sein Vermächtnis an den Sohn. Der Vater hatte Essays geschrieben und sie vernichtet. Erhalten blieb ein Roman, *Der Caudillo*, 1923 in Mallorca veröffentlicht. »Es gab ein geheimes Einvernehmen zwischen uns, daß ich dieses literarische Schicksal erfülle«, schrieb Borges später. Das Versprechen gab er seiner Mutter, die ihn bis ins hohe Alter begleitet hat, als seine Gefährtin auf Reisen, seine Sekretärin zu Hause, als Vorleserin für den um 1955 erblindeten Dichter. 1967 heiratet Borges, trennt sich aber drei Jahre später von seiner Frau Elsa Astete de Millán. Spuren von Leidenschaft und Liebe finden sich kaum in seinen Arbeiten. Vertraut bleibt ihm die Schwester, die Malerin Norah Borges. An seinen Vater erinnert er sich als an seinen ersten Lehrer in der Philosophie: »Als ich noch ziemlich jung war, erläuterte er mir anhand eines Schachspiels das Paradoxon Zenons – Achilles und die Schildkröte...«

Auf einer Reise nach Europa wird die Familie Borges vom Ersten Weltkrieg überrascht. Nach Reisen durch Frankreich und Norditalien legt Borges in Genf sein Abitur auf Französisch ab. In Buenos Aires hatte er, der von einer englischen Gouvernante erzogen wurde, mit neun Jahren Oscar Wilde übersetzt. Seine Großmutter, Fanny Haslam, hatte ihm mit der Liebe zum Englischen auch die Geheimnisse eines prähistorischen England nahegebracht, jene Spuren des Keltischen, Normannischen, Dänischen, Isländischen. Die nordischen Kenningar wie die Sagen der Edda gehören zur Lektüre des jungen Borges. In der Schweiz lernt er Deutsch, liest Heine, den er bis heute auswendig zitieren kann, beschäftigt sich mit Schopenhauer und der expressionistischen deutschen Dichtung. Er übersetzt Becher, Klemm, Stramm, Kafka, Meyrink, Trakl, Heym. »Jedenfalls las ich von nun an mein ganzes Leben deutsche Literatur...« Er wird ein Bewunderer fremder Dichtung – auf der Suche nach dem absoluten Ausdruck: »Während vieler Jahre war ich des Glaubens, die unendliche Literatur sei in einem einzigen Menschen versammelt. Dieser Mensch war Carlyle, war Johannes Becher, war Whitman, war Rafael Cansinos Asséns, war de Quincey.«

Cansinos Asséns hatte Borges in Spanien kennengelernt und durch ihn die lyrische Bewegung des Ultraismo. Was Frankreich mit Baudelaire und Rimbaud bewirkt hatte, wollte der Ultraismo für die spanisch schreibenden Dichter durchsetzen, eine Abkehr von der Gefühlsduselei des 19. Jahrhunderts. Propagiert wurde eine moderne Dichtung, die in kühnen Metaphern eine Alchimie des Wortes schuf, in der alles, was den Menschen des 20. Jahrhunderts beschäftigte, auch die Technik, auch der Rausch der Bewegung, Platz fand.

1921 kehrt Borges nach Argentinien zurück. Ein halbes Jahrhundert später sollte ihn ein Journalist nach dem wichtigsten Moment in seinem Leben fragen, und Borges antwortet: »Meine erste Rückkehr nach Buenos Aires.« Für argentinische Literaturzeitschriften übersetzt Borges die deutschen expressionistischen Dichter und veröffentlicht eigene Gedichte im Nachklang des Ultraismo. Aber: Buenos Aires war bestenfalls ein nachgemachtes Paris oder Madrid. Der junge Mann von europäischer Bildung sucht eine Definition des Argentinischen – wie alle Autoren in der Folgezeit, auch wenn sie wie Julio Cortázar nach Paris emigrierten und das Land ihrer Herkunft nicht wiedersahen. Für den späten Borges ist das Argentinische ein Korrelat seiner Arbeiten: »Warum sich also bemühen, modern oder zeitgenössisch zu sein... wenn ich eine Geschichte schreibe – selbst über den Mann im Mond –, würde es eine argentinische Geschichte sein, weil ich Argentinier bin...«

Eine ethnologische Definition des Argentiniers wäre, daß er kein Spanier sein will. Borges dazu: »Seit dem Jahre 1816, als wir unsre Unabhängigkeit von Spanien erklärten, hatten wir aufgehört, Spanier zu sein... die Lateinamerikaner sahen mit französischen Augen die Spanier als pittoresk, indem sie im Sinne von García Lorcas Requisiten (Borges nannte ihn einmal einen Berufs-Andalusier) über sie dachten: Zigeuner, Stierkämpfer, maurische Architektur.«

Dieses Anti-Spaniertum, das vor allem die Geste ablehnte, galt freilich nicht der spanischen Literatur. Der siebenjährige Borges schrieb nach der Lektüre des Don Quijote eine Erzählung im Stil und der Sprache des 17. Jahrhunderts. Cervantes und Quevedo bleiben auf dem Hausaltar neben Shakespeare oder den englischen Homer-Übersetzungen. Buenos Aires war zum Schauplatz literarischer Fehden geworden. Die beiden Stadtteile Florida und Boedo standen sich in ihren literarischen Programmen so gegenüber wie die beiden Friedhöfe, die Borges in zwei Gedichten besingt: La Recoleta, der Friedhof der reichen Leute, eine Marmorstadt in der Stadt, und der Friedhof der Armen, La Chacarita. Borges schließt sich der Boedo-Gruppe an. Die alte Nordseite der Stadt mit ihren Slums, ihrer Traurigkeit, ihren Sonnenuntergängen lockt ihn an. Die Verehrung für den patriotischen Degen der Großväter wird zur Bewunderung der Messerstecher in der Vorstadt. Borges schreibt ein Buch über den vergessenen Dichter

Evaristo Carriego aus dem Stadtteil Palermo, in welchem nach und nach die wohlhabenden Leute, auch die Familie Borges, von der Armut verdrängt werden. Es ist das Palermo der Messerhelden, Aufschneider und Zuhälter, das in den Tangos von Carlos Gardel bis auf den heutigen Tag konserviert wird. So sind auch die besten Passagen des Buches über Carriego dem argentinischen Tango gewidmet, der nichts mit den europäischen Imitationen gleichen Namens zu tun hat. Vielmehr ist der Tango der bissig-melancholische Ausdruck namenloser Einwanderer aus Italien und Spanien, jenem argentinischen Proletariat der Schlachthöfe und der Umschlaghäfen. Für Borges ist der Tango auch ein »Lamento des Gehörnten« und die literarische Dokumentation einer eigenen argentinischen Sprache. Zwischen 1860 und 1940 kamen 3,5 Millionen europäischer Einwanderer nach Argentinien. Buenos Aires wurde eine Metropolis von über 2 Millionen Einwohnern – für Borges ein neues Babel, dessen Gründung sich in mythischer Urzeit verliert. Welcher literarische Ausdruck konnte einer solchen Stadt, die ebenso konkret wie scheinbar nicht vorhanden war, angemessen sein?

Zwischen 1925 und 1952 publiziert Borges eine Reihe von Essay-Bänden. Die Essays, die der Fünfundzwanzigjährige zu schreiben beginnt, erschaffen eine geistige Welt, die einen Totalitätsanspruch erhebt, weil darin alles, was Menschen von der Antike bis zur Gegenwart gedacht und geschrieben haben, vorkommen soll: Gemeint ist das künstliche Paradies in Form einer Bibliothek. Borges baut sich seine Stadt nach mythologischen Vorbildern um und kennt nur einen Weg der Befreiung: den der Identifikation. Der Minotaurus verleibt sich die Stadt ein, um am Leben zu bleiben. Oder wie es in einem Gedicht heißt:

> Die Straßen von Buenos Aires
> sind mir längst Fleisch und Blut.

Borges macht die Entdeckung, daß die Stadt im Nichts angesiedelt ist, im Meer der Pampa und eines kunstfeindlichen Hinterlandes. »Der Argentinier hat das Gefühl, daß die Welt eine einzige Offenbarung des Zufalls ist...«, notiert Borges. Das erlaubt dem jungen Borges das Experiment einer scheinbar wahllosen Lektüre, bei der von den isländischen Sagen über die *Märchen aus Tausendundeiner Nacht* bis zu H.G. Wells alles verschlungen wird. Nicht anders seine Beschäftigung mit der Philosophie, von Zenon bis Spencer. Rückschauend erklärt Borges seine essayistischen Sammlungen als »Bücher, (die) philosophische Themen in Form von literarischer Kritik« behandeln. Es muß freilich bei diesem Leseexperiment der Augenblick der Erleuchtung eintreten, der Blitz der Epiphanie, der die tausend Namen und Philosophien zu einer höheren Ordnung fügt. Am Anfang kann dieses Spiel mit Literaturen und Kulturen mit einer gewissen Nonchalance geführt werden, wie sie Borges aus der Unberührbarkeit der Tangohelden, der Messerwerfer und Gauchos in seine »höhere Sphäre« überträgt. Es ist die Haltung des *outcasts*, den Borges im Typ des Juden oder Irländers verkörpert sieht: Wie diese triumphieren die Hispano-Amerikaner in der abendländischen Kultur, weil sie im Innern dieser Kultur wirksam sind, ohne eine besondere Bindung zu ihr zu haben: »Ich glaube, die Argentinier, die Südamerikaner im allgemeinen befinden sich in einer analogen Situation; wir können alle europäischen Themen behandeln, sie ohne Vorurteil behandeln, mit einem Mangel an Respekt, der glückliche Folgen haben kann – gehabt hat.« Zu fragen wäre: Was sind europäische Themen anderes denn das Kondensat einer Weltkultur in einer bestimmten historischen Zeit?

Überschaut man heute das Werk von Borges, das in seinen Gattungen ineinanderläuft – die Essays haben Ansätze von Erzählungen, die Erzählungen enthalten theoretische Überlegungen oder Elemente eines phantastischen Bestiariums, die Gedichte eröffnen wie ein Schachspiel Gedankengänge, die zum Essay führen –, überschaut man dieses Werk, so hat

Borges' anfängliches Leseexperiment eine Art alchimistisches Ende gefunden. Es ist ihm gelungen, schreibend seine eigene Identität im Spiegel der behandelten Autoren zu finden – und es ist ihm gelungen, sein eigenes Spiegelbild zu vergessen. Borges macht uns zu Erben einer poetischen Aufklärung – das Wort als Verführung und Kritik verstanden, in der behutsamen Art des Blinden, uns nicht zu nahe zu treten. Als Leser behalten wir die Freiheit der kritischen Distanz. Man sollte meinen, das sei eine Erbschaft, die uns alle angeht, die wir den Untergang des Abendlandes nur als Leseepisode betrachten können, den möglichen Untergang der Menschheitskultur aber vor Augen haben.

Dabei erliegt der lesende, das Wissen verwaltende Borges fast einer doppelten Last: Gemeint ist der Nominalismus und die Erinnerung (oder das Gedächtnis). Der Nominalismus, auf den Borges sich bezieht als unser aller Erfahrung, ist ein Begriff aus dem Universalienstreit des Mittelalters: Nur die einzelnen individuellen Dinge sind real, Ideen und Begriffe aber nur Namen, die lediglich die Gesamtheit der Dinge benennen. Die Ideen von den Dingen gehen den Einzelerscheinungen voraus – eine Grundlage englischer Philosophie im 18. Jahrhundert bei Locke oder Hobbes. Borges ist freilich mehr ein Leser von Hume oder Berkeley, den klassischen Denkern des englischen Idealismus. Für sie sind die Dinge im Raum nur die Illusion unserer Sinne. Esse est percipere – Sein ist Wahrnehmung. Ausgerüstet damit konnte Borges sich ein Wort von Pascal für seinen Gebrauch zurechtlegen: »Die Literatur (Pascal: die Natur) ist eine unendliche Sphäre, deren Mittelpunkt überall ist...« Damit die Literatur ein überlegter und gelenkter Traum sei, wie es im Essay über Hawthorne heißt, mußte man die historischen Daten, den Ballast ihrer raum/zeitlichen Zuordnung vergessen können. Das Gedächtnis kann tödlich sein. In späteren Jahren erinnert sich Borges in der Erzählung ›Das unerbittliche Gedächtnis‹ an Funes, einen Bekannten seiner Jugendtage in Palermo. Er nennt ihn einen »unbändigen bodenständigen

Zarathustra«, einen Vorläufer des Übermenschen. »Er stirbt, weil er nichts vergessen kann. Später habe ich das Thema noch einmal aufgegriffen in der Erzählung *El Zahir.* Darin geht es um ein 20-Centavos-Stück, das die Eigenschaft besitzt, unvergeßlich zu sein, das heißt, sein Eigentümer kann an nichts anderes mehr denken als an diese Münze. Der Erzähler der Geschichte verliert den Verstand und meint, hinter der Münze verberge sich Gott« (Borges). Der Autor der Erzählung, Jorge Luis Borges, behält den Verstand. Schreiben ist für einen Schriftsteller eine andere Art des Vergessenkönnens. Nur die göttliche Eigenschaft des Machens, Produzierens nimmt Borges für sich in Anspruch, wenn er einem seiner autobiographischen Bücher den Titel *El Hacedor* gibt – deutsch: ›Borges und ich‹. Er trennt sich von der Willkür der Fakten, von ihrer historisierenden Regie (welche etwas für Wissenschaftler ist) und erfindet sie selber. So sind viele Erzählungen oft in ihren Motti, Zitaten oder Fußnoten von einem essayistischen Rankenwerk überzogen, das den Leser, sofern er eine wissenschaftliche Neugier an den Tag legen will, in die Irre führt. Man mag darin eine spöttische Herausforderung an den positivistischen Glauben manch eines argentinischen Intellektuellen sehen. In der Anwendung des Zufalls wird so das Zufällige überwunden. Freilich, was unterscheidet nach über zweitausend Jahren Leseerfahrung ein belegbares Bibelzitat von einem nicht belegbaren? Der Erzähler Borges überlistet den Essayisten, aber zugleich will er Erzählungen schreiben, die ihre Phantasien mit unverdächtigen Fakten absichern. Die Erzählungen sind aus der Angst entstanden, keine theoretischen Arbeiten mehr schreiben zu können. Wenn man Borges glauben kann, so war der Anlaß zu den Erzählungen, die heute seinen weltweiten Ruhm ausmachen, ein Unfall im Jahre 1938. Als Folge einer Kopfverletzung litt Borges an hohem Fieber und Schlaflosigkeit. Aus dem Krankenhaus entlassen, mußte er seine kreativen Kräfte auf die Probe stellen: »Ich versuchte es also mit Erzählungen phantastischen Charakters.«

In einem frühen Essay, ›Die Erzählkunst und die Magie‹, finden wir eine Art Poetik zu den Kurzgeschichten. Denn vermögen Fakten den Leser zu überzeugen, kann es dann auch die erzählerische Fiktion? Carlos Rincón schreibt dazu: »Borges zielt dabei mit seiner Problemstellung nicht auf die Frage, wie die Literatur Wirklichkeit abbilde, sondern wie sie den Leser glauben macht, daß sie Realität unmittelbar darstellt.«

In einer seiner bekanntesten Erzählungen, ›Das Aleph‹, fragt Borges: »Nun komme ich zum unaussprechlichen Mittelpunkt meines Berichts: Hier beginnt meine Verzweiflung als Schriftsteller. Alle Sprache ist ein Alphabet von Zeichen, deren Anwendung eine den Gesprächspartnern gemeinsame Vergangenheit voraussetzt: Wie soll ich anderen das unendliche Aleph mitteilen, das mein furchtsames Gedächtnis kaum erfaßt?«

Autor und Leser müssen, um zu einer gemeinsamen Vergangenheit zu kommen, ihre Rollen tauschen. Das Problem hat wie bei Proust, über den Borges meines Wissens nicht geschrieben hat, mit den Aspekten der Zeit zu tun. »Was ist Zeit?« hatte der von Borges zitierte Kirchenvater Augustinus wissen wollen: »Wenn man mich nicht fragt, weiß ich es. Wenn man mich fragt, weiß ich es nicht.« Die Frage scheint für uns, die mit dem dialektischen Materialismus ausgerüsteten Nachfahren von Einstein, nicht relevant zu sein. Zeit, lesen wir in den einschlägigen Lexika, ist eine Existenzform der Materie, in der alle Veränderungen und Bewegungen der Materie erfolgen. Zeit ist im Ablauf aller Prozesse in der Natur die Bewegung auf einer Einbahnstraße – jede Umkehr oder Kreisbewegung verstößt gegen die Gesetze. Doch wo befinden sich die Vergangenheit, die Gegenwart und die Zukunft? Es gibt drei Zeiten, hatte Plotin verkündet, und alle drei sind die Gegenwart. Für einen Leser erscheint diese Deutung plausibel. Für ihn ist Zeit Erlebniszeit. Borges beruft sich in seinen Aufsätzen und Reden über die Zeit auch auf den französischen Philosophen Henri Bergson. Für ihn ist Zeit eine Abfolge des menschlichen Denkens. Grundlage aller Wissenschaft ist für

Bergson eine räumliche Kategorie. Aber wo bleibt die wirklich gelebte, erlebbare Zeit? Die wirklich gelebte Zeit ist Anlaß und Generalthema jeder ernsthaften Literatur. Borges, der den *Ulysses* gelesen hat, kann sich mit einem mathematischen Axiom nicht zufriedengeben. Wesentlich für die Dichtung ist für Borges, was Bergson untersucht hatte: Zeit hat eine subjektive Ausdehnung, sie ist das Erlebnis von Dauer.

Borges will in diesem Streit der Philosophen nicht eine Ideologie gegen die andere ausspielen, vielmehr die Erlebniswelt seiner Figuren plausibel machen. Die Logik des Phantastischen kann dabei durchaus subjektiv sein. In einer seiner Erzählungen, in der Borges Stellung bezieht gegen die Gewaltherrschaft des nationalsozialistischen Krieges, ›Das geheime Wunder‹, wird im März 1939 Jaromir Hladik, der Autor der unvollendeten Tragödie *Die Feinde* und einer *Ehrenrettung der Ewigkeit*, von der Gestapo verhaftet und erschossen. In den Sekunden bis zur Hinrichtung erlebt Hladik nicht nur sein ganzes Leben noch einmal, er kann auch sein Stück zu Ende schreiben und diesem den gewünschten Schluß geben. In seinem Verständnis von der Zeit macht Borges anschaulich, was unlängst Norbert Elias in seiner Unterscheidung von »strukturbezogener« und »erfahrungsbezogener« Zeit deutlich gemacht hat: »Mit dem Eintritt vom Menschen gewinnt das Universum zu den vier Dimensionen von Raum und Zeit eine fünfte hinzu, die Dimension des Erlebens, der Erfahrung oder wie immer man es ausdrücken will. Alles, was in der Reichweite von Menschen geschieht, wird nun erlebbar und repräsentierbar durch menschengeschaffene Symbole...« In einem Interview aus dem Jahre 1964 bekennt sich Borges zu den Symbolen in seinen Arbeiten, wenn er sagt: »Ich nehme an, daß alles, was ich schreibe, biographisch ist, nur daß ich die Vorgänge nicht direkt erzähle. Ich ziehe es vor, mich in Symbolen auszudrücken.« Und so sieht Borges das Fließen der Zeit in einer Wechselwirkung, wenn er Heraklits bekanntes Wort, man könne nicht zweimal im selben Fluß baden, mit dem Hinweis ergänzt, wir selber sind der Fluß, der sich verändert.

Kann also Achilles die Schildkröte einholen? Zenon von Elea, der um 430 v. Chr. gestorbene griechische Philosoph, ist der Urheber dieses Paradoxons. Aristoteles nannte ihn den »Erfinder der Dialektik«. Zenon argumentierte: Angenommen, Achilles läuft zwölfmal so schnell wie eine Schildkröte, so kann er diese, wenn sie einen Vorsprung von einem Stadion hat (griech. Längenmaß), nicht einholen. Denn sobald Achilles diesen Vorsprung durchlaufen hat, ist ihm die Schildkröte um $^1/_{12}$ Stadion voraus. Und läuft Achilles diese Strecke, so ist sie ihm um $^1/_{44}$ Stadion voraus usw. Die Mathematiker beweisen damit die Summe der unendlichen geometrischen Reihe, wonach also Achilles die Schildkröte niemals einholen kann. Ebenso bleibt der Wettlauf der drei Zeiten Vergangenheit, Gegenwart, Zukunft unentschieden, es sei denn, er würde aufgehoben in einer Buchseite. Und genau an diesem Punkt wird der Leser zum Autor, der lesend sogar die Werke der klassischen Literatur neu erschafft, indem er ihnen den Sinn seines Tages gibt, ohne auch nur am Text der Vorlage einen Buchstaben zu verändern. Pierre Menard, ein von Borges erfundener Schriftsteller, schreibt so den *Don Quijote* neu, ohne ihn zu verändern. Das gleiche Ergebnis ist auch den Übersetzungen beschieden. Der englische Homer, so entdeckt Borges, enthüllt uns den englischen Leser des 18. oder 19. Jahrhunderts. Zu jedem namhaften Autor gibt es die Parallele eines Vorläufers.

So wird ein Buch mehr als eine Verbalstruktur oder eine Serie von Verbalstrukturen. »Vielmehr ist es der Dialog, den es mit dem Leser anspinnt, ist es die Intonation, die es in seine Stimme hebt, sind es die wandelbaren und beständigen Bilder, wodurch es im Gedächtnis haftet. Dieser Dialog ist unendlich.« (Borges in seinen Bemerkungen über George Bernard Shaw.)

Zugleich schafft das Werk die Identität. Ich bin der ich bin: Diese theologische Definition aus dem Alten Testament wird zur Erkenntnis des todkranken, wahnsinnigen Jonathan Swift. Ich bin der ich bin: Für Borges kann, wer sein Maß in dieser historischen Welt erreicht hat, aus der Zeit heraustreten. »Letztlich liegt die Unsterblichkeit im Gedächtnis der anderen und im Werk, das wir hinterlassen. Kann es wichtig sein, ob dieses Werk vergessen wird? Jeder von uns ist gewissermaßen alle Menschen, die vor uns gestorben sind, nicht nur die unsres Blutes.« (›Die Unsterblichkeit‹)

Borges hat einmal ein fiktives enzyklopädisches Stichwort über sich selbst veröffentlicht, aus dem Jahre 2074. 1974 verfaßt, ist es mehr als ein Zeugnis der Borgesschen Ironie. Es bezeugt den Fortbestand des Werkes auch in 100 Jahren bei einem relativen Unwissen über die Person des Autors, dessen Liebhabereien »... die Literatur, die Philosophie und die Ethik« waren. Ein argentinischer Pierre Menard könnte dann dieses Werk noch einmal schreiben.

Einem seiner Gedichtbände hat Borges den Satz vorausgeschickt: »Trivial und zufällig ist der Umstand, daß du der Leser dieser Übungen bist und ich ihr Verfasser.« Daß wir, die Leser, uns im Kosmos der Borgesschen Gestalten als Mitgestalter einrichten, ist der Wunsch des Autors. Die Dialektik Autor – Leser will die Mißverständnisse aus »aktuellem Anlaß« überspringen. Sie zielt auf eine befreite Zukunft, in der eine von ihren ökonomischen Zwängen befreite Menschheit die Spiele des Denkens und der Phantasie ausüben kann, ohne die Frage nach ihrem aktuellen Nutzen stellen zu müssen. Genau an diesem utopischen Punkt setzt die Kritik jüngerer Autoren Lateinamerikas an Borges an, die wie Julio Cortázar oder Ariel Dorfman – um nur zwei Beispiele zu nennen – in ihren Erzählungen, bei aller Phantasie, die ihnen Borges stiftet, die aktuellen Bedingungen in Nicaragua oder Chile meinen.

Im bereits zitierten Interview 1964 gibt uns Borges ein Vermächtnis, das sich wie ein Testament liest: »Das Thema Identität der Persönlichkeit ist eng verbunden mit einem anderen, der Zeit im metaphysischen Sinn. Im übrigen glaube ich, ..., daß sich ein literarisches Werk durch den Schriftsteller oder über ihn selbst ausdrückt. Bei dieser Gelegenheit möchte ich eine Anekdote von Bernard Shaw erwähnen, die das vielleicht illustriert, was ich sagen will. Eines Tages wird Shaw gefragt, ob er glaube, der Heilige Geist habe die Bibel geschrieben. Er antwortete, der Heilige Geist habe nicht nur die Bibel geschrieben, sondern sämtliche lesenswerte Bücher. Das heißt also, wir sind bloße Instrumente des Geistes, der Musen, wie die Völker der Antike gesagt hätten, oder in der heutigen weniger wunderhaltigen Ausdrucksweise: des Unterbewußtseins.« –

Was aber wäre das Unterbewußtsein anderes als die Summe der von uns allen erfahrenen Geschichte.

Petershagen, im Juni 1984

Folgende Seite: Der andere Tiger – Buenos Aires, 1983

Octavio Paz
Der Bogenschütze, der Pfeil und die Scheibe

Ich begann in meiner Jugend Borges zu lesen, als er noch nicht international berühmt war. Damals war sein Name ein Erkennungszeichen unter Eingeweihten, das Lesen seiner Werke war der geheime Kult einiger Adepten. Das waren in Mexiko bis 1940 eine Gruppe Jugendlicher und ein Älterer, der eher zurückhaltend war: José Luis Martínez, Alí Chumacero, Xavier Villarrutia und noch einige dazu. Er war ein Schriftsteller für Schriftsteller. Wir suchten nach seinen Beiträgen in den damaligen Zeitschriften. In einer Reihe aufeinanderfolgender Hefte der Zeitschrift ›Sur‹ las ich jene erstaunlichen Erzählungen, die später 1941 in seinem ersten Buch ›Fiktionen‹ gesammelt wurden: ›Der Garten der Pfade, die sich verzweigen‹. Ich besitze noch die erste Ausgabe mit blauem Umschlag, weißen Buchstaben und dem Pfeil in dunklerer Tinte, der auf einen mehr metaphysischen als geographischen Süden wies. Seither habe ich nicht aufgehört, ihn zu lesen und schweigend mit ihm zu reden. Im Gegensatz zur späteren Entwicklung, als der Ruhm ihn in einen seiner Götter und eines seiner Opfer umwandelte, verschwand damals der Mensch hinter seinem Werk. Manchmal bemächtigte sich meiner die Vermutung, daß Borges seinerseits eine Fiktion war.

Der erste, der mir vom wirklichen Menschen mit Staunen und Wärme sprach, war Alfonso Reyes. Reyes schätzte ihn hoch, bewunderte er ihn aber? Ihre Geschmacksrichtungen waren sehr verschieden. Sie waren miteinander verbunden durch eines jener Mißverständnisse, wie sie zwischen Menschen des gleichen Berufes entstehen: Für Borges war der mexikanische Schriftsteller ein Meister der Prosa, für Reyes war der Argentinier ein Original, eine willkommene Exzentrizität. Später in Paris 1947 waren auch meine ersten argentinischen Freunde – José Bianco, Silvina Ocampo und Adolfo Bioy Casares – gleichfalls enge Freunde von Borges. Sie sprachen so ausgiebig von ihm, daß ich, ohne ihn je gesehen zu haben, ihn schließlich kannte, als sei er mein Freund. Neues Mißverständnis: Ich war sein Freund, aber für ihn war mein Name nur sehr von ungefähr der von einem, der ein Freund seiner Freunde war. Etliche Jahre später lernte ich ihn persönlich kennen. Das war in Austin 1971. Höflichkeit und Zurückhaltung: Er wußte nicht, was er von mir halten sollte, ich meinerseits vermochte nicht ihm jenes Gedicht nachzusehen, in welchem er wie Whitman, aber mit weniger guten Gründen, die Verteidiger von El Alamo pries. Mein leidenschaftlicher Patriotismus hinderte mich daran, den heroischen Mut jener Männer zu sehen; er seinerseits war sich nicht bewußt, daß die Belagerung von El Alamo eine Episode in einem ungerechten Krieg gewesen war. Es ist Borges nicht immer gelungen, das wahre Heldentum von einfacher Tapferkeit zu unterscheiden. Es ist nicht das gleiche, ein Messerheld von Balvanero zu sein oder Achilles; beide sind Legenden, doch ist der eine ein Fall, der zweite ein Vorbild.

Unsere späteren Begegnungen in Mexiko und in Buenos Aires waren glücklicher. Wir hatten etliche Gelegenheiten, weniger schroff miteinander zu reden, und Borges nahm zur Kenntnis, daß einige seiner Lieblingsdichter auch die meinen waren. Er zelebrierte diese Zusammentreffen, indem er Strophen dieser und jener Dichter aufsagte, und das Gespräch wurde für Augenblicke so etwas wie eine Kommunion. Eines Nachts halfen meine Frau und ich ihm, sich dem Drängen lästiger Bewunderer zu entziehen. Da rezitierte er in einer Ecke zwischen dem Lärm und dem Lachen des Festes für Marie José diese Verse von Toulet:

Toute allégresse a son défaut
  Et se brise elle-même.
Si vous voulez que je vous aime,
  Ne riez pas trop haut.

C'est à voix basse qu'on enchante
  Sous la cendre d'hiver
Ce cœur, pareil au feu couvert,
  Qui se consume et chante.

Jede Fröhlichkeit hat ihren Mangel
  Und zerstört sich selbst.
Wenn Sie wollen, daß ich Sie liebe,
  Lachen Sie nicht zu laut.

Mit leiser Stimme bezaubert man
  Unter der Winterasche
Dieses Herz wie ein bedecktes Feuer,
  Das sich aufzehrt und singt.

In Buenos Aires hatten wir alle Muße, um uns zu unterhalten und um Spaziergänge zu machen, und wir genossen es. Er und Maria Kodama führten uns in den alten Park Lezama; er wollte uns, ich weiß nicht weshalb, die orthodoxe Kirche zeigen; die war jedoch geschlossen. Wir begnügten uns damit, auf den schmalen feuchten Pfaden unter Bäumen mit hohen Stämmen und rauschendem Laub zu wandeln. Schließlich blieben wir vor dem Denkmal der römischen Wölfin stehen, und Borges streichelte gerührt das Haupt von Remus. Wir beendeten den Spaziergang im Café Tortoni, berühmt für seine Spiegel, seinen vergoldeten Stuck, die großen Tassen, in denen Schokolade serviert wird, und für seine literarischen Phantome. Borges erzählte vom Buenos Aires seiner Jugend, der Stadt, deren Innenhöfe konkav »wie Krüge« waren. In seinen frühen Gedichten wirkt sie wie eine erfundene Stadt, sie hat jedoch eine Wirklichkeit, dauerhafter als Steine: die des Wortes.

An jenem Nachmittag überraschte uns, wie entmutigt er die Lage in seinem Land beurteilte. Obgleich er sich über die Rückkehr Argentiniens zur Demokratie freute, fühlte er sich dem Geschehen immer entfremdeter. Es ist schwer, in unseren rauhen Heimaten (manchmal in allen) Schriftsteller zu sein, vor allem, wenn man Ruhm erreicht hat und von den beiden Zwillingsfeinden belagert wird, die beide kurzsichtig sind: dem stachligen Neid und der stumpfen Anbetung. Es mag sein, daß Borges die Zeit, die ihn umgab, nicht mehr erkannte, er lebte in einer anderen Epoche. Ich verstand sein Unbehagen. Auch ich reibe mir verdutzt die Augen, wenn ich durch die Straßen von Mexiko spaziere. In so was haben wir unsere Stadt verwandelt? Borges vertraute uns seine Absicht an, »anderswo zu sterben, vielleicht in Japan«. Er war nicht Buddhist, aber die Idee des Nichts, wie sie sich in der Literatur dieser Religion ausdrückt, faszinierte ihn. Ich sagte »Idee«, denn das Nichts kann entweder eine Empfindung oder eine Idee sein. Als Empfindung mangelt ihr jede besänftigende Heilkraft. Doch das Nichts als Idee beruhigt uns und verleiht uns gleichzeitig Kraft und Gelassenheit.

Im vergangenen Jahr sah ich ihn in New York wieder. Wir wohnten einige Tage im gleichen Hotel wie er und Maria Kodama. Wir speisten abends gemeinsam, alsbald gesellte sich Eliot Weinberger zu uns, und man sprach von chinesischer Dichtung. Schließlich erinnerte Borges an Reyes und an López Velarde. Wie immer zitierte er einige Zeilen des letzteren, die so begannen: Süßes Vaterland, Händler in Salbei.

Er unterbrach sich und fragte mich: »Wonach schmeckt Salbei?«

Verwirrt antwortete ich: »Es ist ein erdiger Geschmack.«

Er schüttelte den Kopf. Es war zu viel und zu wenig. Ich tröstete mich mit dem Gedanken, daß es nicht weniger schwierig ist, das Augenblickliche auszudrücken als das Ewige zu beschreiben. Er wußte es.

Es ist schwer, sich mit dem Tode eines geliebten und bewunderten Menschen abzufinden. Vom Moment unserer Geburt an tun wir nichts als den Tod erwarten, und der Tod überrascht uns immer. Er, der Erwartete, ist immer der Unerwartete. Immer der Unverdiente. Es ist gleichgültig, daß Borges sechsundachtzigjährig gestorben ist, er war nicht reif für das Sterben. Niemand, gleich welchen Alters, ist es je. Man kann den Ausspruch des Philosophen umkehren und sagen, daß wir alle – Greise und Kinder, Adoleszente und Erwachsene – vorzeitig gepflückte Früchte sind. Borges hat länger gelebt als Cortázar und Bianco, um zwei andere argentinische Schriftsteller zu nennen, die mir teuer waren, aber die geringe Spanne, um die er sie überlebt hat, tröstet mich nicht über seine Abwesenheit. Nunmehr ist Borges wieder geworden, was er dem Zwanzigjährigen war: Bücher, ein Werk.

Er hat sich in drei Gattungen ausgedrückt: dem Essay, der Lyrik, der Erzählung. Die Kategorisierung ist willkürlich: Seine Essays lesen sich wie Erzählungen, seine Erzählungen sind Gedichte und seine Gedichte geben uns zu denken, als seien sie Essays. Die Brücke zwischen ihnen ist der Gedanke. Deshalb empfiehlt es sich, mit dem Essayisten zu beginnen. Borges war ein metaphysisches Temperament. Das erklärt die Faszination, die idealistische Systeme und ihre durchsichtige Architektur auf ihn ausübten: Berkeley, Leibniz, Spinoza, Bradley und die verschiedenen Buddhismen. Er war aber auch ein ungemein klarsichtiger Geist, dessen Luzidität sich mit der Phantasie des von der »anderen Seite« der Wirklichkeit Angezogenen verband; da konnte er nur über die chimärischen Konstruktionen der Vernunft lächeln. Daher die Verehrung, die er Hume und Schopenhauer, Chung Tzu und Sextus Empiricus widmete. Obgleich ihn in seiner Jugend die gesuchten Worte und die syntaktischen Labyrinthe von Quevedo und Browne geblendet hatten, gleicht er ihnen nicht. Eher ließe er an Montaigne denken, wegen der Skepsis und der weltweiten Neugier, die ihm eigen waren, wenngleich nicht wegen des Stils. Man kann auch an einen halbvergessenen Zeitgenossen denken: George Santayana.

Im Unterschied zu Montaigne haben ihn aber die moralischen und psychologischen Enigmen kaum beschäftigt; und ebensowenig die Verschiedenheit der Bräuche, der Sitten, der Überzeugungen des Wesens Mensch. Geschichte war nicht seine Leidenschaft, die Erforschung der komplexen Gesellschaften hat ihn nicht angezogen. Seine politischen Meinungen nahmen die Form moralischer und manchmal ästhetischer Urteile an. Obgleich er sich mutig und redlich geäußert hat, tat er es, ohne wirklich zu verstehen, was sich begab. Manchmal traf er ins Schwarze wie zum Beispiel in seiner Gegnerschaft zu Peróns Regime und in seiner Ablehnung des totalitären Sozialismus; andere Male hat er sich verrannt. Sein Besuch Chiles unter der Militärdiktatur, seine recht billigen Ausfälle gegen die Demokratie haben seine Freunde bestürzt. Sie haben ihn nachträglich gereut. Man muß aber hinzufügen, daß er – ob er recht hatte oder irreging – völlig redlich und sich selber treu war. Er hat nie gelogen, nie in Kenntnis der Lage das Übel gerechtfertigt, wie es ein erklecklicher Teil seiner Feinde und Tadler getan hat. Nichts war Borges fremder als die ideologische Kasuistik unserer Zeitgenossen.

Das alles war Beiwerk, andere Themen trieben ihn um: Zeit und Ewigkeit, Identität und Vervielfachung, das Eine und das Andere. Er war in Ideen verliebt. Eine widersprüchliche Liebe, von der Vielheit angenagt: Hinter den Ideen konnte er »Die Idee« nicht wiederfinden (die man Gott, die Leere oder das Grundprinzip nennt), sondern nur eine immer abgründigere neue Vielheit, die er selber war. Er suchte die Idee und fand die Wirklichkeit eines Borges, der in sukzessive Erscheinungen zerfiel. Borges ist immer der andere Borges gewesen, ein in einen anderen verwandelter Borges, und so ins Unendliche. In ihm konfrontierten sich der Metaphysiker und der Skeptiker; der Anschein wies auf den Sieg des Skeptikers, doch die Skepsis hat ihn nicht beruhigt, er hat nicht aufgehört, sich mit metaphysischen Phantasmen zu umgeben. Der Spiegel war sein Emblem. Ein erschreckendes Emblem: Der Spiegel widerlegt die Metaphysik und verurteilt den Skeptiker.

Seine Essays sind denkwürdiger durch ihre Varietät und ihren Stil als durch ihre Originalität. Humor, Nüchternheit, Scharfsinn und plötzlich ein unerwarteter Schuß. So hatte noch niemand spanisch geschrieben. Reyes, sein Vorbild, war korrekter und flüssiger, weniger präzis und überraschend. Er sagte weniger mit mehr Wörtern. Borges' Gabe war es, mehr mit weniger zu sagen. Doch übertrieb er nicht. Er befestigt nicht den Satz wie Gracián mit der Nadel des Erfindungsreichtums und verwandelt den Absatz nicht in einen symmetrischen Garten. Borges hat zwei entgegengesetzten Gottheiten geopfert: der Einfachheit und dem Ungewöhnlichen. Oft verbindet er sie, und das Ergebnis ist unvergeßlich: das sonderbar Natürliche und das vertraute Fremde. Dieses Gelingen, das vielleicht keine Nachfolge haben wird, bestimmt seinen einzigartigen Platz in der Geschichte der Literatur des zwanzigsten Jahrhunderts. Noch sehr jung definierte er in einem Buenos Aires, der vielfältigen, wandelhaften Stadt seiner Alpträume, gewidmeten Gedicht seinen Stil: »Mein Vers ist Befragung und Beweis, um dem zu entsprechen, was nur geahnt ist.« Die Definition gilt auch für seine Prosa. Borges' Werk ist ein System kommunizierender Röhren: Diese Essays bilden schiffbare Flüsse, die wie von selbst in seine Gedichte und Erzählungen einmünden. Ich verhehle nicht, daß ich die letztgenannten bevorzuge. Die Essays dienen mir nicht, um das Universum noch um mich selber zu verstehen, sondern um seine überraschenden Inventionen besser zu erfassen.

Obgleich die Stoffe seiner Gedichte und seiner Erzählungen sehr vielfältig sind, haben sie ein einziges Thema. Doch bevor davon die Rede ist, gilt es, einen Irrtum zu korrigieren: Viele weigern sich, in Borges einen echten spanisch-amerikanischen Schriftsteller zu sehen. Der gleiche Vorwurf wurde gegen Rubén Darío gerichtet – und von keinem Geringeren als José Enrique Rodó. Ein Vorurteil, das durch Wiederholung nicht an Perversität verliert: Der Schriftsteller gehört einer Erde, einem Blut an, doch was sein Werk betrifft, so kann es nicht auf eine Nation, eine Rasse oder eine Klasse verengt werden. Man kann den Tadel umkehren und sagen, daß Borges' Werk in seiner durchsichtigen Vollendung und seiner untadeligen Architektur ein lebendiger Vorwurf ist, der sich gegen die Gewaltsamkeit und das Chaotische im lateinamerikanischen Kontinent wendet. Den Europäern kommt Borges' Universalität merkwürdig vor, sie verkennen, daß sein Weltbürgertum nur die Perspektive eines Lateinamerikaners sein konnte. Das Eigentümliche an der Exzentrizität Lateinamerikas liegt darin, daß es eine europäische Exzentrizität ist: Das heißt eine andere Art, zum Abendland zu gehören, eine nichteuropäische Art. Der Lateinamerikaner steht in bezug auf die europäische Tradition zugleich innerhalb und außerhalb und kann deshalb den Westen als eine Einheit sehen und nicht mit der unvermeidlichen Provinzialität eines Franzosen, Deutschen, Engländers oder Italieners. Niemand hat das klarer gesehen als ein Mexikaner: Jorge Cuesta; und niemand hat es in seinem Werk besser verwirklicht als ein Argentinier: Jorge Luis Borges. Das wahre Thema der Diskussion sollte nicht das Fehlen des Amerikanischen bei Borges sein. Man muß ein für allemal anerkennen, daß sein Werk eine Universalität ausdrückt, die zu Lateinamerika von Anbeginn gehört.

Er war kein Nationalist, und doch hätte nur ein Argentinier einen guten Teil seiner Gedichte und seiner Erzählungen schreiben können. Auch er hat die Anziehungskraft eines gewalttätigen und dunklen Amerika verspürt. Er hat sie in ihren mittelmäßigsten, ihren am wenigsten heldenhaften Erscheinungen empfunden: der Rauferei in verrufenen Gassen, dem Messer des arroganten, finsteren Krakeelers. Sonderbare Zweiheit: Berkeley und Juan Iberra, Jacinto Chiclano und Duns Scotus. Das Gesetz der geistigen Schwerkraft beherrscht auch Borges' Werk: der lateinamerikanische *macho* gegenüber dem metaphysischen Dichter Macedonio Fernández. Der Widerspruch, der seine intellektuellen Überlegungen und seine Fiktionen durchdringt – der Streit zwischen Metaphysik und Skepsis –, ist im Feld der Empfindungen seine gewaltsame Wiedergeburt. Seine Bewunderung für das

Messer und das Schwert, für den Krieger und den Kampfhahn drückt vielleicht eine angeborene Neigung aus. Es ist zumindest ein Wesenszug, der sich im Geschriebenen immer wieder ausdrückt. Vielleicht war es eine vitale, instinktive Antwort auf seine Skepsis und seine zivilisierte Duldsamkeit.

Im Leben drückt sich diese Tendenz aus als Hang zum Disput und zur individualistischen Behauptung. Wie alle Schriftsteller seiner Generation nahm er anfangs an der literarischen Avantgarde und ihren Herausforderungen teil. Später änderte sich sein Geschmack mit seinen Ideen, nicht mit den Einstellungen; er hörte auf, Ultraist zu sein, doch konnte sein Ton schockieren, in brillanter Frechheit und Herausforderung. In seiner Jugend war die Zielscheibe der Traditionalismus nebst den Gemeinplätzen der Akademien und der Konservativen gewesen, in seiner Reifezeit wechselte die Respektabilität das Lager und die Richtung, sie wurde jugendbewegt, ideologisch und revolutionär. Borges spottete über den neuen Konformismus der Bilderstürmer mit der gleichen grausamen Eleganz, mit der er sich über die vorhergehende lustig gemacht hatte.

Er wandte seiner Zeit nicht den Rücken und bewies Mut vor den Ereignissen seines Landes und der Welt. Er war jedoch vor allem ein Schriftsteller, und die literarische Tradition war für ihn so lebendig und gegenwärtig wie die Aktualität. Seine Neugier richtete sich gleichzeitig auf die Zeitgenossen und die Alten, im Raum auf das Nahe und das Ferne, auf die Gaucho-Dichtung und die nordischen Sagas. Sehr früh und mit souveräner Freiheit nahm er die anderen Klassizismen, die die Modernität entdeckt hat, zur Kenntnis und eignete sie sich an: des Fernen Ostens, Indiens, der Araber, der Perser. Doch hat ihn diese Vielfalt der Lektüren und die Pluralität der Einflüsse nicht zu einem »babelischen« Schriftsteller gemacht; er war weder wirr noch geschwätzig, sondern klar und knapp. Die Phantasie ist die Fähigkeit, Brücken zwischen einem Gegenstand und einem anderen zu schlagen; es ist deshalb die Wissenschaft der Korrespondenzen. Diese Fähigkeit hat Borges im höchsten Maß besessen; er verband sie mit einer anderen, die nicht minder kostbar war: mit der Weisheit, sich ans Wesentliche zu halten und alles parasitäre Beiwerk wegzuschneiden. Er hatte nicht das Wissen des Historikers, des Philosophen oder des Kritikers; es war ein Schriftstellerwissen, ein aktives Wissen, das behält, was ihm frommt, und den Rest verwirft. Seine literarischen Bewunderungen und Verwerfungen waren tief und durchdacht wie diejenigen eines Theologen, vehement wie diejenigen eines Liebenden. Er war weder unparteiisch noch gerecht; er konnte es nicht sein: Seine Kritik war der andere Arm, der andere Flügel seiner schöpferischen Phantasie. Hat er sich selber richtig beurteilt? Ich bezweifle es: Seine Geschmacksrichtung stimmte nicht immer mit seinem Genie überein, noch taten das seine Vorlieben mit seiner wahren Natur. Borges gleicht nicht Dante, Whitman, Verlaine, sondern Gracián, Coleridge, Valéry, Chesterton. Nein, ich täusche mich: Borges gleicht vor allem Borges.

Er hat die traditionellen Formen benutzt; außer in der Jugend war er kaum vom Wandel und den eruptiven Neuerungen unseres Jahrhunderts berührt. Seine Essays waren wirklich Essays; nie hat er diese Gattung, wie es jetzt der Brauch ist, mit dem Traktat, der Abhandlung oder der These verwechselt. In seinen Gedichten überwog ursprünglich der freie Vers, später waren es die kanonischen Formen und Versmaße. Als ultraistischer Dichter war er viel schüchterner, vor allem, wenn die ein wenig geradlinigen Gedichte der ersten Sammlungen mit den kühnen und komplexen Konstruktionen Huidobros und anderer europäischer Dichter jener Zeit verglichen werden. Er hat weder die Musik des spanischen Verses verändert, noch den Satzbau revolutioniert: weder Góngora noch Darío. Auch hat er keinen dichterischen Untergrund oder Überhimmel entdeckt wie einige seiner Zeitgenossen. Dennoch sind seine Verse einzigartig, unvergleichbar: Nur er konnte sie schreiben. Seine besten Verse sind nicht gemeißelte Worte: Sie sind plötzliches Aufleuchten oder Schatten, Gaben unbekannter Mächte, wahre Visionen.

Mit Maria Kodama in Kalifornien, 1984

Seine Erzählungen sind ungewöhnlich kraft seiner glücklichen Phantasie, nicht kraft ihrer Form. Um die Werke seiner Imagination zu schreiben, fühlte er sich nicht von den Abenteuern und Abgründen der Sprache angezogen wie ein Joyce, Céline oder Faulkner. Fast immer luzid, läßt er sich nicht von der stürmischen Leidenschaft eines Lawrence mitreißen, die manchmal Wirbel entstehen läßt und alle Wolken vom Himmel jagt. Ebenso fern von Prousts Satzschlangen wie von Hemingways Telegrammstil überrascht seine Prosa durch ihr Gleichgewicht; weder lakonisch noch geschwätzig im Übermaß, weder schleppend noch von Unterbrechungen durchflochten. Vorzug und Begrenzung: Mit solcher Prosa kann man Erzählungen schreiben, keinen Roman; man kann eine Situation aufreißen, sein Epigramm loslassen, den Schatten eines Augenblicks festmachen, nicht aber eine Schlacht erzählen, eine Leidenschaft aufrufen, in eine Seele dringen. In der Prosa wie im Vers liegt seine Originalität, nicht in der Neuheit der Ideen und der Formen, sondern in seinem Stil – verführerische Legierung des Einfachsten und Komplexesten, in seinen staunenswerten Erfindungen, in seiner Vision. Nicht was er sieht, macht diese Vision einzigartig, sondern der Ort, von dem aus er die Welt und sich selbst sieht. Eine Perspektive eher als eine Vision.

Seine Liebe zu den Ideen war maßlos, und viele absolute Ideen fesselten ihn, doch entzog er schließlich allen den Glauben. Hingegen verspürte er als Schriftsteller ein instinktives Mißtrauen gegenüber den Extremen, und fast nie verließ ihn der Sinn für die Mitte. Gewiß, die Maßlosigkeiten und Enormitäten, die Mythologien und Kosmogonien der Inder und der Skandinavier blendeten ihn, doch seine Vorstellung von literarischer Vollkommenheit war die einer begrenzten klaren Form mit einem Beginn und einem Schluß. Er dachte, daß die Ewigkeiten und die Unendlichkeiten auf einer einzigen Seite Platz hätten. Er sprach oft von Vergil und nie von Horaz; dennoch gleicht er diesem und nicht jenem: Ein langes Gedicht hat er nie geschrieben noch zu schreiben versucht und hielt sich immer in den Grenzen des Horazschen Rahmens. Ich behaupte nicht, daß Borges sich an Horaz' Poetik gehalten habe, sondern daß sein Geschmack ihn bewegte, die gemäßigten Formen vorzuziehen. Nichts Zyklopisches ist in seiner Dichtung noch in seiner Prosa.

Dieser Ästhetik treu befolgte er stets den Rat Edgar Allan Poes: Ein modernes Gedicht soll nicht länger als fünfzig Zeilen sein. Sonderbare Modernität: Fast alle großen modernen Gedichte sind lange Gedichte. Die charakteristischen Werke des zwanzigsten Jahrhunderts – ich denke zum Beispiel an die

Gedichte Eliots und Pounds – hatten diesen einen Ehrgeiz: die Göttlichen Komödien und die Verlorenen Paradiese unserer Epoche zu sein. Die Überzeugung, die alle diese Dichtwerke trägt, ist folgende: Die Dichtung ist eine totale Vision der Welt oder des Dramas der Menschen in dieser Zeit. Geschichte und Religion. Ich sagte schon, daß es Borges' Originalität war, eine Perspektive zu entdecken; deshalb nehmen einige seiner stärksten Gedichte die Form von Kommentaren unserer Klassiker an: Homer, Dante, Cervantes. Borges' Perspektive ist seine Wunderwaffe: Er sprengt alle traditionellen Voraussetzungen und zwingt uns, die Dinge, die wir sehen, oder die Bücher, die wir lesen, anders zu sehen. Manche seiner Fiktionen wirken wie *Märchen aus Tausendundeiner Nacht*, geschrieben für einen Leser von Kipling und Chuang Tzu; einige seiner Gedichte lassen an einen Dichter der *Antologia Palatina* denken, der zugleich ein Freund von Schopenhauer und von Lugones gewesen wäre. Er übte sich in den Gattungen, die man die minderen nennt – Erzählungen, kurze Gedichte, Sonette –, und es ist zum Staunen, daß er mit ihnen erreicht hat, was andere mit langen Gedichten und Romanen erstrebten. Perfektion ist an kein Format gebunden. Oft hat Borges sie erreicht, indem er das Ungewöhnliche in das Erwartete einbrachte, indem er die hypothetische Form mit einer Perspektive verband, die, den Erscheinungen nachgehend, deren andere entdeckt. In seinen Erzählungen und in seinen Gedichten befragte Borges die Welt, doch sein Zweifel war schöpferisch und rief andere Welten und Wirklichkeiten auf.

Seine Erzählungen und seine Gedichte sind Erfindungen des Dichters und des Metaphysikers; daher befriedigen sie zwei entscheidende Fähigkeiten des Menschen: den Verstand und die Phantasie. Es stimmt, daß er nicht die Komplizität unserer Gefühle und Leidenschaften gewinnt, seien es die dunklen oder die leuchtenden: Pietät, Sinnlichkeit, Zorn, Sehnsucht nach Bruderschaft. Es stimmt auch, daß sie uns über die Geheimnisse des Blutes, der Sexualität, des Machtstrebens wenig oder nichts sagen. Manchmal hält sich die Literatur ausschließlich an diese beiden Themen: eines – der Mensch mit den Menschen, seinesgleichen und in Widerstreit; das andere – der Mensch gegenüber dem Universum und gegenüber sich selbst. Das erste Thema ist dasjenige des epischen Dichters, des Dramatikers, des Romanautors; das zweite gehört dem Lyriker, dem Metaphysiker. In den Werken von Borges erscheint nicht die menschliche Gesellschaft in ihren komplexen und vielfältigen Erscheinungsformen, die von der Liebe der einsamen Paare zu den großen kollektiven Taten reicht. Seine Werke gehören zur anderen Hälfte der Literatur, und sie alle haben ein einziges Thema: die Zeit und unsere ständig neuen fruchtlosen Versuche, sie abzuschaffen. Die Ewigkeiten sind Paradiese, die sich in Verdammnisse verwandeln, in Chimären, die wirklicher sind als die Wirklichkeit.

Mit unerhörten Abwandlungen und besessenen Wiederholungen erforscht Borges unablässig dieses eine Thema: der Mensch, im Labyrinth einer Zeit verirrt, die aus Veränderungen besteht, die Wiederholungen sind; der Mensch, der sich aufhebt, indem er sich im Spiegel der gesichtslosen Ewigkeit betrachtet; der Mensch, der die Unsterblichkeit erreicht und den Tod besiegt hat, nicht aber die Zeit und das Alter. In den Essays löst sich dieses Thema in Paradoxe und Antinomien auf. In den Gedichten und den Erzählungen in Wortkonstruktionen, die elegant sind wie Theorien und anmutig wie Lebewesen. Der Zwist zwischen dem Metaphysiker und dem Skeptiker ist unversöhnlich, doch mit ihm schuf der Dichter durchsichtige Gebäude von ineinander verwobenen Worten. Die Zeit und ihr Widerschein tanzen auf dem Spiegel des erstaunten Bewußtseins. Werke seltener Vollendung, Wort- und Geistobjekte, gebaut gemäß einer zugleich strengen und unbändigen, vernünftigen und kapriziösen, festen und kristallinen Geometrie. Was uns alle diese Variationen des einzigen Themas sagen, ist gleichfalls etwas Einzigartiges: Die Werke des Menschen und der Mensch selbst sind nichts als Erscheinungsformen der fliehenden Zeit. Und er sagt es mit eindrucksvoller Luzidität: »Die Zeit ist der Stoff, aus dem ich gemacht bin. Die Zeit ist ein Fluß, der mich mitreißt, doch ich bin dieser Fluß; sie ist ein Feuer, das mich verzehrt, doch ich bin das Feuer.« Es ist die Sendung der Poesie, ans Licht zu bringen, was sich in den Falten der Zeit verbirgt. Es war notwendig, daß ein großer Dichter uns erinnere: Wir sind zugleich der Bogenschütze, der Pfeil und die Scheibe.

Aus dem Spanischen von
François Bondy

Zu Hause, 1980

Marguerite Yourcenar
Borges oder der Seher

In den Legenden aller Völker gibt es die archetypische Gestalt des blinden Dichters.

In Indien ist es Valmiki, der legendäre Schöpfer des *Ramayana*, der über seine nackten Füße die Ameisen laufen fühlte gleich den zahllosen Geschlechterfolgen der Menschen; dann gibt es die altnordischen Skalden, Sänger, die meist blind waren, und die griechischen Rhapsoden, die für uns in ihrem großen Prototypus verkörpert sind, in Homer, dem Blinden.

Erinnern wir uns an Rembrandts Porträt des Aristoteles im Metropolitan Museum, auf dem der Philosoph, der Beobachter der Natur und der menschlichen Gesellschaft, der Lehrer und Erzieher Alexanders, ein Mann mit gesunden Augen, melancholisch die Hand auf den Kopf einer Büste Homers legt, des blinden fahrenden Sängers.

Stellen wir nun neben dieses Gemälde das 1983 von Ferdinando Scianna aufgenommene Foto *Die Hand des Jorge Luis Borges*, die aus Jackettärmel und Hemdmanschette hervortaucht, um die Büste Julius Caesars zu »lesen«, um dem Gedächtnis die kleinsten Höhlungen, die kleinsten Wölbungen dieses Gesichts einzuprägen, wie es nur eine verschwindende Minderheit der Museumsbesucher mittels ihrer normalen Augen tut.

Wenn ich schreibe: »Borges oder der Seher«, so ist diese Formulierung nicht als bloßes Paradoxon aufzufassen.

Wir besitzen die Welt vermittels unserer fünf Sinne, und das Gesicht gehört zweifellos zu den drei Sinnen, von denen wir am stärksten abhängen. Trotzdem: Die meisten von uns sehen sich nicht. Die überwältigende Mehrheit der Menschen sieht sich nicht. Borges' noble Bescheidenheit rührt daher, daß er sich so sieht, wie er ist, einmalig und doch ebenso alltäglich wie wir alle. Aber die meisten von uns sehen auch ihre Mitmenschen nicht und auch nicht die Welt. Borges sieht beides.

Grund für unser Nicht-Sehen kann Trägheit sein, Vorurteil, oft einfach Nicht-Sehen-Wollen. Die Hindus haben recht, wenn sie *Ekagrata*, die Aufmerksamkeit, zu den höchsten geistigen Tugenden zählen. Ich behaupte nicht, daß es genüge, wie Borges schlechte Augen zu haben und nach acht Operationen im Alter von fünfzig Jahren völlig zu erblinden, um den geschärften Sinn für die Schönheit oder die Schrecklichkeit der Dinge zu entwickeln, um die Bedeutung oder den Wert der Menschen und alles Lebenden fast mathematisch zu ermessen, wie er es in seinen kritischen Essays tut (in ›Inquisitionen‹, ›Diskussionen‹, ›Neun danteske Essays‹ und zum Teil in der ›Geschichte der Ewigkeit‹), ohne jemals abzuwerten, ohne jemals unsere Bewunderung auf eine falsche Fährte abgleiten zu lassen. Niemand hat knapper dargetan, daß unter dem beinah aggressiven Katholizismus Chestertons seltsame und längst totgeglaubte Häresien weiterleben und erneut aufblühen, oder daß Henry James, der dem unbefangenen Leser auf den ersten Blick als ein »weitschweifiger mondäner Romancier« erscheinen mag, seine Tiefe dem Umstand verdankt, daß er »ein friedlicher Insasse der Hölle« war. Ich glaube nicht, daß nur die Blindheit Borges Klarsicht und Weisheit gelehrt hat, Tatsache ist jedoch, daß beide mit dem fortschreitenden Verlust des Sehvermögens gewachsen sind. Dieser Verlust, weit entfernt, Gegenstand lyrischer Tristesse zu sein, wurde Borges zu einem Mittel, die Welt in einem viel weiteren Sinn zu s e h e n, als man dieses Wort üblicherweise gebraucht, und sich selbst zu s e h e n als einen von vielen Menschen, die sein Schicksal teilen.

Mit fünfzig Jahren also wurde er zugleich unheilbar blind (was bedeutete, daß es für ihn Lesen und Schreiben nicht mehr gab) und – Glücksfall oder Ironie des Mißgeschicks –

zum Direktor der Nationalbibliothek von Buenos Aires ernannt. (»Neunhunderttausend Bücher und keine Augen!«) Blindheit bedeutet übrigens, wie er mir erklärte, nicht das tragische Dunkel, das die Leute sich vorstellen. »Man glaubt, die Blinden *sähen* das Dunkel«, sagte er zu mir. »Aber nein. Ich stehe auf und lege mich zu Bett in einem dichten gelblichen Nebelflor, der alles einhüllt... Ach!, könnte ich nur eine schöne dunkle Nacht erblicken!«

Schon vor Borges hatte ein Blinder die Bibliothek von Buenos Aires geleitet, der gebürtige Franzose Paul Groussac. In dem ›Gedicht von den Gaben‹ beschwört Borges die langsamen zaudernden Schritte Blinder oder Fast-Blinder in den Korridoren, das Entlangtasten an den Regalen voller Bücher, von denen sie höchstens hier und dort einen Titel erraten können:

Niemand schmähe durch Träne oder Hader
diese Offenbarung der Meisterschaft
Gottes, der mit großartiger Ironie
Mir gleichzeitig die Bücher und die Nacht gab.

Verhungert und verdurstet stirbt ein König
(erzählt griechische Sage) zwischen Quellen
und Gärten; ziellos streife ich die Grenzen
der hohen, tiefen, blinden Bibliothek.

Ich erkunde, langsam in meinem Schatten,
mit unsicherem Stab das hohle Zwielicht,
ich, der ich mir so oft das Paradies
in Form einer Bibliothek vorstelle.

Etwas, das sicherlich nicht *Zufall* heißt,
lenkt diese Dinge; vorher schon empfing
ein andrer an andren verschwommenen
Abenden all die Bücher und den Schatten.

Durch die langsamen Galerien irrend
fühle ich oft mit vagem heiligen Schrecken,
ich bin der andre, Tote, der die gleichen
Schritte wohl an den gleichen Tagen tat.

Wer von den beiden schreibt dieses Gedicht
von Plural-Ich und einem einzigen Schatten?
Was kann das Wort bedeuten, das mich nennt,
da dieser Fluch unteilbar ist und einzig?

Unser Schicksal gehört uns; es gehört so ganz und gar uns, daß es uns formt und uns zerstört. Vergessen wir aber nicht, daß es auch anderen gehört.

*

Seher... Visionär. Ich möchte hier diese beiden Wörter, die man gemeinhin gleichsetzt, einander entgegenstellen. Der Seher sieht, im tiefsten Sinn des Wortes; wenn er blind ist, so sieht er wie Borges mit einem inneren Blick, der sich auf die einst durch seine Augen gespeicherten Erinnerungen stützt, mit einem Blick, der zudem vielleicht geschärft wird durch die überkommenen Urerinnerungen, und so imstande ist, das zu ergänzen, was die Intelligenz (eher die Intelligenz als die Phantasie) ihm liefert. Dieser innere Blick, der nicht den üblichen Sehbeschränkungen unterliegt, reicht wohl viel weiter in die Zeit und, was fast das gleiche ist, in den Raum. Man könnte von einem grenzenlosen Blick sprechen, wie der Theologe von einer grenzenlosen Intelligenz spricht. Borges gibt dafür ein Beispiel: »Die Schritte, die ein Mensch von seiner Geburt bis zu seinem Tode macht, zeichnen ein rätselhaftes Muster in die Zeit. Die göttliche Intelligenz nimmt dieses Muster unmittelbar wahr, wie wir ein Dreieck wahrnehmen.« Es geht nicht um den Sinn des Universums. (»Es ist zweifelhaft«, sagt er, »ob das Universum einen Sinn hat.«) Es geht hier nicht um einen Sinn, sondern um eine Perspektive.

Man kann auf die Sprache des Mittelalters zurückgreifen und von visio intellectualis sprechen. Die Vision des Visionärs oder des Halluzinierten wäre eher als ekstatisch zu bezeichnen; beide gehen von einer kompletteren, farbigeren, dichteren Realität aus, als die meisten Menschen sie kennen, und ihr Ingenium gründet darauf ein Ensemble superber oder gefährlicher Konstruktionen aus ihren eigenen mythologisierten Komplexen; oder eine rhetorische Montage aus allem, was sie gelehrt wurden oder in ihrer Umgebung aufgeschnappt hatten, ja manchmal Klischees, die zu Offenbarungen geworden sind. Swedenborg, den Borges sehr schätzt, scheint fast ständig in diese Art Halluzinationen zu versinken, abgesehen von einigen sehr wenigen Ausnahmen, die ihren Ursprung mehr in seinem Leben als in seinem Werk haben, Ausnahmen, bei denen man den Eindruck hat, zu Augenblicken wahrer Hellsichtigkeit vorzustoßen. Blake scheint sich, wo er sich nicht ins Sublime steigert, lange an den gleichen geheiligten Rhapsodien zu berauschen. Borges' stolze Bescheidenheit geht nie über das hinaus, was seine toten Augen gesehen haben oder was seine lebenden Augen erinnern und zurückstrahlen aus Spiegeln, die er zugleich fürchtet und liebt. Er erfindet nicht. Er faselt nicht.

Er hat beschlossen, in seiner Blindheit einen Segen zu sehen, was ihm wohl nur um den Preis von Ängsten gelungen ist, die er uns größtenteils erspart, von denen indes einige Gedichte Spuren zeigen:

Längst ist die Welt entzaubert. Man hat dich verlassen.
Du wirst den lichten Mond nie mehr teilen,
auch nicht die trägen Gärten. Es gibt keinen
Mond, der nicht Spiegel des Vergangenen wäre…
… Aber es reicht nicht aus, tapfer zu sein,
um die Kunst des Vergessens zu erlernen.
Ein Symbol, eine Rose zerreißt dich,
und eine Gitarre kann dich töten.

Doch diese Seelenstärke wird bald zu Borges' bestimmendem Charakterzug. In der Erzählung ›Der Andere‹ sitzt der alte Dichter auf einer Bank am Saint Charles River neben einem Studenten, der der achtzehnjährige Borges *ist* und eines Tages auch der alte Borges sein wird (›Der Andere, der Selbe‹). »Hör zu«, sagt er zu dem jungen Mann. »Wenn du so alt sein wirst wie ich, wird dein Augenlicht fast völlig erloschen sein. Du wirst nur etwas Gelbes sehen mit Lichtern und Schatten darin. Sei unbesorgt. Die fortschreitende Erblindung ist nicht tragisch. Sie ist wie ein langsam verdämmernder Sommerabend.«

Wer sich indes erinnert, daß Borges an anderer Stelle sagt, seine wertvollsten persönlichen Erfahrungen seien die Entdeckung des Wohlklangs der angelsächsischen Sprache oder die Philosophie Schopenhauers gewesen, dem wird klar, daß für diesen belesenen und hochgebildeten Mann der Verlust der Bücher der Verlust einer Welt war. Daraus zieht er die folgende Lehre:

»Jeder Schriftsteller, jeder Mensch sollte in allem, was er erlebt, auch im Scheitern, auch in der Demütigung und im Unglück ein Instrument sehen, Stoff für seine Kunst, den er sich zunutze machen soll. Diese Dinge werden uns zuteil, damit wir sie verwandeln, damit wir aus allen Heimsuchungen ewige oder nach Ewigkeit strebende Dinge machen!«

*

Ehe wir in die Welt der Erzählungen eintreten, möchte ich auf zwei Themen hinweisen, die, obgleich das eine allgemein gegenwärtig und das andere zumindest sehr gängig ist, in Borges' Werk fast völlig fehlen. Das erste ist die Liebe. Gewiß, wir finden in seinen frühesten, vom Heimweh nach den Armenvierteln von Buenos Aires inspirierten Gedichten gelegentlich die kurze Erwähnung einer Frau ohne nähere Beschreibung oder Bezeichnung, diskretes Bedauern über eine Zurückweisung, seltener den Hinweis auf einen Augenblick des Glücks, der einmal durch eine vertrocknete anonym gewordene Blume symbolisiert wird. Nichts von siegreicher erfüllter Liebe, nichts von einem Absturz in Obsession und Verzweiflung. Diesen Mangel scheint Borges selbst in einem Distichon aus ›Museum‹ zum Ausdruck zu bringen, in zwei melancholischen Zeilen, betitelt *Le regret d'Héraclite*, in denen das »Ich« des Autors sich unter dem doppelten Alibi einer fiktiven Anthologie mit lateinischem Titel und eines imaginären preußischen Dichters verbirgt:

Ich, der ich so viele war, bin doch nie jener gewesen,
dessen Umarmung Mathilde Urbach ohnmächtig erlag.

Gaspar Camerarius,
in *Deliciae Poetarum Borussiae* VII, 16

Diese beiden mit voller Absicht als literarisches Spiel hingestellten Zeilen könnten das deutliche Eingeständnis einer versagten, aber auch einer allzu lässig erstrebten Liebe sein. Die einzige Erzählung, die vorgibt, die Liebe zum Thema zu haben, ist ›Ulrike‹: In einem winterlichen England, das wie im Mittelalter vom Geheul der Wölfe widerhallt, schreitet ein alternder Borges über die Heide, ihm zur Seite eine junge Norwegerin, die er am vorangegangenen Abend kennengelernt hat und die anderntags, nachdem die beiden in einem verschneiten *Northern Inn* eine gemeinsame Nacht verbrachten, in den Norden zurückreisen wird. »Wie der Sand verrann die Zeit. Alterslos strömte die Liebe im Dunkel, und zum ersten und letzten Mal besaß ich Ulrikes Bild.« In dieser von sehr detailliertem Realismus bestimmten Erzählung ist alles Traum, und »Ulrikes Bild« scheint alle Träume Borges' vom nordischen Atavismus in sich zu vereinen. In den argentinischen Erzählungen, die noch naturalistischer sind, ist die robuste und summarisch typisierte Frau fast immer Insassin eines Bordells; die kleine Indianerin in der ›Nacht der Gaben‹ führt den jungen Burschen ohne Umschweife in die Liebe ein; an anderer Stelle ist das Weib dem Manne nur Anstifterin oder Gehilfin beim Töten, oder es tötet selbst mit dem Messer des Toten. Züge einer Persönlichkeit trägt einzig Emma Zunz in der gleichnamigen Erzählung, die keusche, strenge und frigide Arbeiterin, die sich freiwillig der Vergewaltigung und der Schande aussetzt, um ihren Vater zu rächen, was sie zur tumben Törin eines Melodrams machen würde, hätte Borges sie nicht mit jenem unbeugsamen Stolz ausgestattet, dem Besten, was er allen seinen Geächteten zu bieten hat. Die Ausbeute ist mager. Aber das Leben hat seine eigenen Methoden, jedes Manko auszugleichen. »Mein Leben, in dem alles so spät kam, die Macht und auch das Glück«, habe ich Hadrian sagen lassen. Für einen Dichter ist der Ruhm das Äquivalent der Macht. Borges' Ruhm setzt erst um die siebziger Jahre ein, als die Verleihung eines internationalen Literaturpreises und gute Übersetzungen in verschiedene Sprachen die Aufmerksamkeit auf ihn lenkten. Auch die Liebe kommt sehr spät, eine der vielleicht bewegendsten in einer Zeit, die die Liebe vergessen hat. Ebenfalls bis in die siebziger Jahre hatte Borges die eigene Mutter als Vorleserin, Pflegerin und ständige Begleiterin bei seinen Aufenthalten in den USA und anderwärts. Kein Schatten scheint die Freundschaft zwischen Mutter und Sohn getrübt zu haben. Den leeren Platz, den die über Neunzigjährige hinterließ, nahm dann eine junge Frau ein, die Borges schon in ihrer Kindheit gekannt hatte, also zu einer Zeit, als er noch sehen konnte. Während der dreizehn Jahre bis zum Tod des Dichters wird sie ihm alles sein, Freundin, Vorleserin, Gefährtin auf großen Reisen, freiwillige Krankenschwester und vor allem menschliches Ideal. Man zögert beinah, dieses diskrete und dauerhafte Abenteuer zu beschreiben. Maria Kodama, Tochter einer Argentinierin und eines Japaners, der er seine Gedichtsammlung ›Lob des Schattens‹ widmete, hat ihn offenbar nicht zu Liebesgedichten inspiriert; sie hat viel mehr getan: Sie hat seine Weltsicht verändert. Er hatte gesagt, wer sich verliebe, bekehre sich zu einem Gott, der eines Tages zu Fall kommen werde. Er hätte diesen Satz gern getilgt, als er sicher war, eine Frau getroffen zu haben, die nicht zu Fall kom-

Mit Domenico Porzio und Maria Kodama in Rom, 1981

men würde. Sie war Beatrice, Antigone, Cordelia. Borges glaubte schließlich, im Mittelpunkt von Dantes *Inferno* stünden die Worte der Francesca da Rimini, die noch in dem Sturm, der sie zusammen mit Paolo davonträgt, glücklich ist, »da er und sie niemals getrennt sein werden«. Ein scharfsinniger Kritiker glaubt sogar, daß nach Borges' Ansicht das gewaltige Paradies nur erdacht worden sei, damit Dante, der reuige Pilger, dort der Beatrice begegnen könne, die, eher eine theologische als eine weibliche Gestalt, ihn empfängt und ihm seine Sünden vorhält. Borges glaubt glücklicherweise nicht an die Sünde. Dreizehn Jahre gemeinsamen Lebens sind mehr wert als eine demütigende Begegnung im Himmel: Diese sanfte, diskrete und bewundernswerte junge Frau hat seine Nacht aufgewogen.

Die patriotische oder politische Lyrik ist im allgemeinen die kurzlebigste im Werk eines Dichters. Wenige von Borges' Gedichten laufen Gefahr, diesem Gesetz zum Opfer zu fallen.

Während Peróns erster Amtsperiode (von 1946 bis 1955) wurde Borges zwar nicht inhaftiert wie Victoria Ocampo, aber aus seiner damals recht bescheidenen Stellung als Bibliothekar einer Stadtbücherei entfernt und durch eine »Beförderung« zum Inspektor des Geflügelmarkts verhöhnt. Doch nichts von alledem hat Eingang in sein Werk gefunden. Lediglich der Sturz des Diktators nach den Revolten von Córdoba inspirierte Borges zu einigen schönen Versen, geprägt von der fast allzu optimistischen Freude, die in den Tagen der Befreiung herrschte. Ein weiteres Gedicht auf sein Land besteht aus der gerührten Erinnerung an seine Jugend in Buenos Aires, ein drittes aus dem Lob jener Männer, die sich einstmals Argentinien erwählten und schufen. Dieses Gedicht bekundet einmal mehr die glühende lebenslange Verehrung des Dichters für die unbekannten Helden vergessener Kriege, für Oberst Suárez, Borges' Urgroßvater, gefallen in Junín an der Grenze zu Peru, von dem eine – übrigens umstrittene – Legende berichtet, er habe, hoch zu Roß, weithin sichtbar, ganz in Weiß gekleidet, mit ausgebreiteten Armen alle Indianerpfeile auf sich gezogen und so seiner Truppe den Sieg ermöglicht, einen Sieg der Lanzen, einen lautlosen Sieg ohne einen einzigen Schuß; für General Quiroga – ›General Quiroga fährt im Wagen zum Sterben‹ –, der den Winkelzügen des Diktators Rosas zum Opfer fallen wird, was er auch weiß, eine Art groteskes Gespenst, gefolgt von einer kleinen Schar, die mit ihm abgeschlachtet wird; für Oberst Borges, den Großvater, der an der Grenze zu Uruguay durch zwei Kugeln getötet wurde; für den Juristen Lafinur, »einen Mann der Bücher und Gesetze«, der von den Soldaten eben jenes Rosas – übrigens wie jener mit Borges' Vorfahren verwandt – in einem Sumpfgebiet eingeholt wurde und »das innige Messer in der Kehle fühlte«. Diese Haudegen des 19. Jahrhunderts haben Borges ebenso fasziniert wie die rauhen Sachsen- und Dänenkrieger, mit denen er, wie er glaubte, durch seine Urgroßmutter Haslam verbunden war, die aus Nordengland stammte. Diese Männer aus der Zeit vor dem Jahr 1000 galten ihm als unbeugsam, sie »bedienten sich einer Sprache des Morgens«, schwangen ihre Axt, »Ernährerin der Raben«, und waren großherzig wie jener Heerführer, der seinem Feind einen Tag voller Glück wünschte, da er ihn am Abend jenes Tages töten werde, oder furchtlos wie der König, der sich inmitten von Sturm und Niederlage auf dem Verdeck seines Schiffes umwandte: »Was ist dort hinter mir zerbrochen?« – »Norwegen, König, in deinen Händen!« und manchmal auch rauhen Mitgefühls fähig.

Gestern abend habe ich einen Mann getötet in der Schlacht.
Er war tapfer und groß, vom hellhäutigen Stamm des Anlaf.
Das Schwert drang in die Brust, leicht links.
Er stürzte vornüber zu Boden und war ein Ding,
ein Ding des Raben.
Vergebens wirst du auf ihn warten, Frau, die ich nicht gesehen habe.
Die Schiffe, die über das gelbe Wasser flohen,
bringen ihn nicht heim.
In der Stunde des Tagesanbruchs
wird deine Hand im Schlaf ihn suchen.
Dein Bett ist kalt.
Gestern abend habe ich einen Mann getötet in Brunanburgh.

Peróns zweite Diktatur ab 1972 trieb Borges ins Exil. Einst hatte der Dichter zu Gott gesagt: »Ich habe nicht gelebt; gewähre mir zu leben.« Wie die Blindheit so scheint auch das Exil ihm weniger ein Unglück als vielmehr eine neuerliche Bestätigung zu sein:

> Bewahrtest mich vor dem ehrwürdigen Alter
> Und den Protokollen, den Posten und den Lehrstühlen
> Und dem Abhaken nie ruhender Inventare

Für die Archive des Staubs
Und der Bücher: simulierte Gedächtnisse;
Ehrtest mich mit dem gnädigen Exil
Und dem Zufall und dem jungen Abenteuer
Und der Würde der Gefahr.

In seiner Erzählung ›Das Scheinbild‹, der einzigen, in der Perón vorkommt, zieht ein Mann in Trauerkleidung von Dorf zu Dorf; er trägt eine Pappschachtel, die eine blondhaarige Puppe enthält, mit sich und macht den Leichtgläubigen vor, er sei Perón und die Puppe sei Evita. Er nimmt die kleinen Münzen und die Nahrung entgegen, die man spendet, und entzündet Nacht für Nacht Kerzen am Pappsarg der Puppe, die von den Dörflern für die einbalsamierte Leiche Evitas gehalten wird. Doch am Ende gemahnt uns Borges, daß der echte Diktator und dessen Gemahlin nicht echter gewesen seien als der Schwindler und die Puppe, vollkommene Sinnzeichen eines irrealen Zeitalters. Der Mann im Traueranzug war nicht Perón, und die Puppe nicht Eva Duarte. Aber auch Perón war nicht Perón, und Eva nicht Eva; sie waren Unbekannte oder Namenlose (deren geheimen Namen und deren wahres Gesicht wir nicht kennen), die für die gläubige Sentimentalität der Menge und deren plumpe Mythologie posierten.

Wer auch nur eine Ahnung hat von den unaufhörlichen Wandlungen und der fast unendlichen Komplexität der Dinge, den überkommt angesichts der Weltgeschichte immer mehr das Gefühl des Entsetzens und des Absurden. Keine dieser beiden Empfindungen verändert sich oder schwächt sich ab, indes kommt alsbald eine dritte hinzu, die Empfindung eines riesigen Betrugs, an dem wir alle, handelnd oder duldend, beteiligt sind.

*

Trotz seiner glühenden Bewunderung für die vom kastilischen Ehrgefühl durchdrungenen Feldhauptleute oder für die weißhäutigen Krieger der Sagas übersah Borges nicht, daß der Krieg keine Lösung ist, sondern ein permanentes Faktum, das seine Tragik und manchmal seine Niedertracht unter vielerlei Gestalt tarnt. Am Abend der Schlacht von Junín hört Oberst Suárez, ein Jahrhundert im voraus, Verse, die sein Urenkel an seiner Stelle spricht »wie aus dem Urgrund des Blutes«.

Was bedeutet meine Schlacht von Junín, wenn sie
glorreiches Andenken ist,
ein Datum, das man für ein Examen lernt, oder ein Ort im
Atlas?
Die Schlacht ist ewig und kann verzichten auf den Pomp
sichtbarer Heere mit Fanfaren,
Junín ist: zwei Bürger, die an einer Straßenecke einen
Tyrannen verfluchen,
oder ein Unbekannter, der in einem Kerker stirbt.

Es scheint, daß in Borges' klarem Bewußtsein (ich vermeide es, wie auch Borges selbst, mich auf das zu berufen, »was unsere ärmliche Mythologie Das Unbewußte nennt«) drei Symbole heroischer Männlichkeit lebten: einmal das Schwert, jetzt auf die Samtkissen der Vitrinen verbannt; zum zweiten das Beil, das wir zur archaischen Ausrüstung zählten, bis es Hitlers Schergen erneut als Mordinstrument diente, das indes dennoch ein Museumsstück bleibt, auch wenn es hie und da noch ein Holzfäller zur Hinrichtung eines Baumes benutzt. Das dritte und wichtigste Symbol, das in Borges' gesamtem Werk aufblitzt, ist das Messer. Das Messer der Apachen von Buenos Aires scheint eine Obsession aus der Kindheit und frühen Jugend des Dichters zu sein, als er in einer ruhigen, ein wenig heruntergekommenen Vorstadt lebte, wo weder die Huren noch die gewohnheitsmäßigen Messerstecher fehlten. Lange ist es den Eltern gelungen, das Vorhandensein solcher Existenzen vor ihm zu verbergen, aber vielleicht hat er von ihnen geträumt, in der friedlichen Bibliothek seines Vaters, wo er, wie er selbst uns sagt, »sein ganzes Leben geblieben ist«. Es entstehen nicht nur ein klassisches Sonett in regelmäßigen Versen gleich jenen, die man in der französischen Dichtung der Renaissance als »Tombeaux« bezeichnete, ein Sonett zum Gedenken an Juan Muraña, den »Mörder, dessen herbes Amt der Mut war«, sondern auch eine Anzahl kleiner zwangloser Verse, in gewollt volkstümlichem Stil, doch von zuweilen tödlicher Schärfe, Texte zu Milongas, Tanz- oder Klageweisen, aus denen der Tango hervorging, die jedoch nicht, wie jener, den Weg in die gehobenen Kreise fanden; es war eine Musik für »die Häuser der Calle Junín oder die Zelte von Adela«. In ihnen bringt Borges den geschmeidigen Schritt seiner Messerhelden rhythmisch zum Ausdruck.

... in den Morgen dieses Tages
anno achtzehnhundertneunzig;
in dem Viertel, das verlaust ist,
führt längst keiner mehr die Liste

seiner Liebschaften, der Karten-
spiele bis zum Morgen, seiner
Messertreffen mit Sergeanten,
mit Bekannten oder Fremden.

Viele Schläger, viele Schlaue
durften sich kurz an ihm messen;
auf ihn wartet in der Südstadt
schon ein Dolch an einer Ecke.

Eine Frau, so heißt es, habe
schließlich ihm den Rest gegeben.
Jedem von uns gibt den Rest das
Leben, früher oder später.

Einem Freund, der über Borges' Schilderung der Ganovenwelt schockiert und vor allem erstaunt war, antwortete der Dichter mehrdeutig: »Ich habe mich informiert.« Diese verlorenen »Mörder«-Profile haben dem Dichter bis zuletzt das unberechenbare Bild einer chemisch reinen Tapferkeit vermittelt. »Keine Diebstähle. Morde. Nichts anderes; das muß man ihnen lassen.« Diese Männer vernichten zwar Gegner, unter dem Schutz und mit Wissen der Polizei, von der sie dann ihrerseits vernichtet werden, aber sie rechtfertigen ihre Messerstechereien nicht, weder durch ideologische Vorwände noch durch grobschlächtige Raubgier oder Weibergeschichten. »Ein Mann, der länger als zehn Minuten an eine Frau denkt, ist kein Mann, sondern ein Waschlappen.« Nichts weiter als der männliche Schwung der Hand, die ein Messer hält, als der glühende Wunsch, sich mit dem anderen zu messen, um ihn zu töten oder selbst zu sterben:

Nie haben sie sich gesehen,
und nie sehen sie sich wieder;
sie streiten sich nicht um Habe
oder die Gunst einer Frau.

Dem Fremden hat man gesagt,
in der Gegend gibt's 'nen Schläger,
mit dem will er sich jetzt messen,
und er sucht ihn bei den Leuten.

Höflich fordert er ihn auf,
droht nicht, hebt nicht mal die Stimme;
man wird einig, geht hinaus,
um das Haus nicht zu entehren.

Schon kreuzen sich ihre Dolche,
schon wird alles wirr und heikel,
und schon liegt ein Mann am Boden,
stirbt, ohne sich zu beklagen.

Nur für diese Prüfung lebten
beide Männer ihre Leben;
schon verweht sind die Gesichter,
bald verwehen auch die Namen.

Diese Art höfischer Duelle kommen für Borges den Kämpfen der von den Skalden besungenen Recken gleich. In der ›Milonga von zwei Brüdern‹ ist der Antrieb zum Mord der luziferische Hochmut des älteren Bruders, dessen »Strecke« nur siebzehn Tote aufweist gegenüber den achtzehn des jüngeren Bruders.

Als Juan Iberra merkte,
daß der Kleine Vorsprung hatte,
war seine Geduld am Ende
und er stellte ihm 'ne Falle.
Unten, in der Costa Brava,
schenkte er ihm eine Kugel.

Ohne Zögern und Bedenken
warf er ihn auf die Geleise,
daß der Zug ihn überrollte.
Danach sah man kein Gesicht mehr,
das war's, was der Ältre wollte.

So hab ich nun bis zum Schluß
die Geschichte wahr erzählt.
Die Geschichte ist von Kain,
der Abel noch und noch tötet.

Diese Messerstecher der Jahrhundertwende scheinen Borges' Werk so zu verlassen, wie sie hineingekommen sind: im zwanghaften Rhythmus der Tangos seiner Jugend. Aus einem langen Gedicht in regelmäßigen Versen, das er in einem Abstand von mehreren Jahren zweimal geschrieben hat, habe ich einige Zeilen der ersten Version gewählt, in der eines der beständigen Schwerpunktthemen Borges', die Identifikation des Autors mit seinen Doppelgängern, in geradezu wahnhafter Romantik dargestellt wird:

Im Lied dreht sich der gelbe Kreis von Pferden
und Löwen, und ich höre noch das Echo
der Tangos von Arolas und von Greco
die – wie ich sah – man auf Gehsteigen tanzte,

zu einer Zeit, die gegen das Vergessen
heute gefeit scheint, ohne Vor- und Nachher,
die den Geschmack des Verlorenen hat,
des Verlorenen und Wiedererlangten.

Trüb schafft der Tango eine irreale
Vergangenheit, die irgendwie gewiß ist:
unmögliche Erinnerung, gestorben
zu sein, im Kampf, in einer Vorstadtgasse.

*

In der flimmernden Atmosphäre der Borgesschen Welt, in der alles sich wandelt und auf andere Weise das Selbe wird, so wie Jorge Luis Borges und William Shakespeare zugleich sie selbst und zutiefst alle Menschen sind, in dieser Atmosphäre stehen Jedermann und die mysteriöse *persona* der griechischen Legende, stehen Heroismus und Niedertracht das ganze Werk hindurch in einer Wechselbeziehung. Das Gedicht ›Der Spion‹ gibt uns darüber weitgehenden Aufschluß:

Im öffentlichen Licht der Schlachten
geben andere ihr Leben dem Vaterland,
und an sie erinnert der Marmor.
Ich bin dunkel durch Städte geirrt, die ich hasse.
Ich habe ihm andere Dinge gegeben.

Ich habe meiner Ehre abgeschworen,
ich habe die verraten, die mich für ihren Freund hielten,
ich habe Gewissen gekauft,
ich habe den Namen des Vaterlandes verwünscht.
Ich finde mich mit der Niedertracht ab.

›Universalgeschichte der Niedertracht‹ ist der Titel einer seiner ersten Essaysammlungen, die zu etwa gleichen Teilen von heldenhaften und von ebenso seltsamen wie niederträchtigen Figuren handeln, daneben aber auch von solchen, die weder das eine noch das andere sind. Vielleicht halten sich für Borges die beiden Gewichte in etwa die Waage, oder vielleicht wird die Niedertracht eher als ein in schwindelnder Tiefe liegender Nadir empfunden, nach dem nichts mehr kommt und wo man nichts mehr ist. Den wahrhaft Niederträchtigen (falls es ihn, der fast ebenso mythisch ist wie der reine Heros, überhaupt gibt) beglückt weder die Bewunderung noch belästigt ihn die Schmähung – die gewöhnlich ihr Ziel verfehlt, denn die tiefste Ursache jeder Niedertracht bleibt Geheimnis –; er steht über den Wechselfällen des Schicksals. Borges zitiert einen Ausspruch von T. E. Lawrence, »Mir schien in der Erniedrigung eine Gewißheit zu liegen«, aber vielleicht würde ein Mensch, der in seinen eigenen Augen vollständig erniedrigt ist, niemals einen solchen Satz aussprechen. Die vierzehn Tage, die der junge Lawrence als Kohlentrimmer in Port Said verbrachte, die vierzehn Nächte mit dem Gesindel am Hafenkai, sind erniedrigend in den Augen anderer, nicht in den seinen; trotz ihrer Auswirkung auf den ganzen Menschen läßt das gleiche sich auch über die Nacht in Daraa sagen oder über die Ohrfeige, die Lawrence in Damaskus von einem britischen Offizier erhielt, der ihn mit dem Leiter eines stinkenden Spitals, den Lawrence ausgerechnet an diesem Tag vertreten mußte, verwechselt hatte. In der Erzählung ›Der unhöfliche Zeremonienmeister Kotsuké-no-Suké‹ wartet Kuranosuké, der Säufer, Lump und Wüstling, den die Leute anspucken, sozusagen getarnt im Schmutz, bis die Zeit kommen wird, da er seinen Meister rächen kann. Hier wird nicht einmal die Frage nach einer Rechtfertigung gestellt.

In der ›Universalgeschichte der Niedertracht‹ unterscheiden sich die Soldaten der ruhmreichen Schlachten des 19. Jahrhunderts kaum von den Gangsterbanden New Yorks um das Jahr 1907: »Von Tabak und Alkohol verseuchte Helden… alle mehr oder weniger an Geschlechtskrankheiten, Zahnfäule, Erkrankungen der Atemwege oder der Nieren leidend… so unbedeutend oder strahlend wie die von Troja oder Junín«, lieferten ihre schändlichen Schlachten im Schatten der Hochbahn-Brücken. Eastman, Anführer einer dieser Banden, bekam dafür zehn Jahre Sing-Sing. Bei seiner Entlassung hatte seine Gang sich aufgelöst, und er »mußte wohl oder übel auf eigene Rechnung operieren. Am 8. September 1917 wurde er wegen einer Keilerei auf offener Straße festgenommen. Am 9. beschloß er, sich an einer anderen Keilerei zu beteiligen (die USA waren kurz zuvor in den Ersten Weltkrieg eingetreten) und meldete sich zur Infanterie…« Nach seiner Rückkehr erklärte er, an der Front sei es kaum gefährlicher gewesen als in den Elendsvierteln New Yorks.

Das Thema »Niedertracht« gehört für Borges untrennbar zum Thema »Judas«, jenes Judas, den Dante in den tiefsten Höllenkreis verbannt, neben Brutus, denn der Verräter an Jesus und der Verräter an Caesar gehören zusammen. Shakespeare wußte bereits, daß einiges zugunsten Brutus' spricht. Borges gelangt zu Judas auf dem Weg über sein leidenschaftliches Interesse für alles Ketzerische. Es ist eine alte Erkenntnis, daß das Drama der Passion eines Verräters bedarf. Aus dieser Sicht wäre Sankt Judas, wie Paul Claudel ihn nannte (aber im Freundeskreis soll er eine andere Interpretation des Mannes mit den dreißig Silberlingen geliefert haben: »Er war der Kassier, er wollte die Kasse auffüllen«), der mutige Akteur gewesen, der die Rolle des Verräters übernahm und die Buh-Rufe einsteckte. Borges geht in den ›Drei Fassungen von Judas‹ und in der ›Sekte der Dreißig‹ sehr viel weiter, manchmal versteckt hinter dem Namen imaginärer Wissenschaftler,

Autoren imaginärer Werke. Jesu Opfertod, der übrigens nutzlos war (»Wozu hast du gelitten, da ich leide?« ruft er in einem wundervollen Gedicht, mit dem er sich in Opposition zu Pascal stellt), durfte, um vollkommen zu sein, »nicht durch Auslassungen entwertet noch abgeschwächt werden. Die Behauptung, Jesus sei Mensch und keiner Sünde fähig gewesen, ist ein Widerspruch in sich. Er mußte die Kälte gekannt haben, die Müdigkeit, die Anfechtung, den Durst und den Hunger; auch sei die Annahme erlaubt, er habe sündigen und irren können. Gott sei zur Gänze Mensch geworden, bis zur Niedertracht, bis zur Auflehnung gegen den Abgrund.« In den Augen des konsequenten Häretikers, den Borges erträumte, muß er Judas geworden sein.

*

Die Erzählungen, mit denen ich fortfahren möchte, kann man bei näherer Betrachtung in drei Gruppen einteilen. Oft ist die Rede von Borges' phantastischen Erzählungen. Die Bezeichnung ist vereinfachend und irreführend. Zunächst ist festzuhalten, daß in diesen sogenannten phantastischen Erzählungen das Übernatürliche, die Magie, das Unter- und Übermenschliche zumeist fehlen oder alsbald einer weniger naiven und umfassenderen Erklärung eines jeden Abenteuers weichen müssen. Die erste Gruppe, die man schwerlich lesen kann, ohne in eine vorschnelle Interpretation zu verfallen, setzt sich aus gelehrten Erzählungen zusammen, deren Gelehrtheit oft authentisch, oft aber auch parodistisch ist. Dramatische Elemente fehlen entweder ganz oder beschränken sich strikt auf wenige Stellen. Kurz, es sind epistemologische Erzählungen, um es ein wenig hochtrabend auszudrücken, das heißt, Erzählungen, die sich mit der Untersuchung sowohl der Methoden wie der Gültigkeit unserer Kenntnisse befassen. Etwa ›Pierre Ménard, Autor des Quijote‹, ›Averroes auf der Suche‹ oder ›Die Theologen‹, um nur drei stilistisch besonders weit auseinanderliegende Beispiele anzuführen.

›Pierre Ménard‹ schildert peinlich genau die verblüffende Geschichte eines Franzosen von heute, der fast sein ganzes Leben darauf verwendet, den *Don Quijote* des Cervantes neu zu schreiben, in der von vielen seiner Bewunderer geteilten Überzeugung, ein unvergleichliches Meisterwerk geschaffen zu haben, ohne einen Abschnitt, eine Zeile, ein Wort, ein Komma des Originals zu verändern. Der Leser argwöhnt eine Falle. Er wird aus dem Ganzen erst schlau, wenn er das Wort »Autor« ersetzt durch das Wort »Leser«; dann entdeckt er in dieser Erzählung, dank eines – summa summarum unvermutet vernünftigen – Bedeutungswandels der Wörter, den klassischen Prozeß, der sich bei allen großen Büchern einstellt. Lesen, richtig lesen, heißt soviel wie übersetzen oder den Gedankengang des Autors, den man liest, neu vollziehen, wobei diese Gedanken auf dem Weg über das Auge von der bedruckten Seite in die grauen Gehirnzellen gelangen, wo sie absorbiert und adaptiert werden und für jeden von uns sowohl das Gleiche wie auch etwas Anderes ergeben. Jedes große Buch projiziert auf jeden Leser andere Lichter und andere Schatten. Das Phänomen Pierre Ménard stellt sich bei jedem Studenten ein, der irgendeine Pflichtlektüre absolviert, bei jedem freiwilligen Leser, der mit einem Buch auf einer Bank oder an seinem Kamin sitzt oder sich eine Lesung anhört. Versuchen wir einmal, ob *Don Quijote* uns heute nicht verlockt, diesen Prozeß an einer Seite Balzac oder einer Zeile Shakespeare auszuprobieren. Jeder von uns sieht ein anderes Bild der elenden Pension im *Père Goriot*, obgleich die Wörter, die das unsaubere Speisezimmer, die Magd mit den schiefgetretenen Absätzen, die Hauskatze, die lärmenden und prahlenden Pensionäre schildern, in allen Fällen die s e l b e n Wörter sind. »Schlafen, vielleicht träumen«, zwei Verben und ein Adverb, und es ist buchstäblich unmöglich, sie so zu lesen, wie Shakespeare sie geschrieben hat: unsere Gefühle in bezug auf den Traum und bei dem Gedanken an den Schlaf und den Tod, die Gefühle Tausender Leser und Zuschauer vor uns haben diese Wörter mit allen Auswirkungen des Ruhms aufgeladen.

Sie so zu hören, wie sie zum ersten Mal über die Lippen des Autors, Akteurs und Direktors des *Globe Theatre* kamen, als er gegen 1599 einem Freund in London sein jüngstes Stück vorlas, würde bedeuten, daß man den Lauf der Zeit zurückspulen könnte. Jeder begeisterte Leser ist der Autor eines neuen Werks, das so gut oder so unbedeutend ist wie er selber.

›Averroes auf der Suche‹ schmückt sich mit allen Reizen eines traditionellen orientalischen Dekors. Die Erzählung hat indes den gleichen epistemologischen Charakter wie ›Pierre Ménard‹. Wieder geht es darum, was aus dem Werk wird, oder hier aus dem Wort, genau gesagt aus zwei Wörtern, wenn der Spiegel eines anderen Geistes sie reflektiert. ›Averroes auf der Suche‹ ist die Geschichte eines Übersetzungsproblems. Averroes, einer der größten Gelehrten und Philosophen der arabischen Welt, ist auch als Übersetzer des Aristoteles berühmt. Er hat sein Griechisch bei den älteren Translatoren gelernt, die eine juxtalineare Wort-für-Wort-Übertragung praktizierten. Averroes begreift sehr bald, daß er zwei in den Schriften des Aristoteles ziemlich häufig vorkommende Wörter immer nur vage umschrieben hatte. Diese Wörter, die bislang kaum wichtig gewesen waren, gewinnen große Bedeutung, als er die Poetik in Angriff nimmt, wo sie eine Hauptrolle spielen. Die beiden geheimnisvollen Wörter sind Komödie und Tragödie. Die arabische Literatur, die schon damals reich war an Erzählungen, Gedichten, Reisebeschreibungen und politischen oder didaktischen Essays, kennt in der Tat kein Theater. Die arabische Sprache hat folglich keinen Bedarf an Entsprechungen für diese beiden Wörter; hinzu kommt der instinktive Widerwille einer Kultur gegen einen Begriff, der ihr völlig fremd ist. Nicht nur die Sitte widersetzt sich einem Wort, das mit fremden moralischen oder soziologischen Inhalten besetzt ist, auch die Intelligenz dreht das Ding, die Idee, hilflos hin und her wie ein Kästchen, zu dem der Schlüssel fehlt. So blickt der ratlose Gelehrte zerstreut aus seinem Fenster auf spielende Kinder (der Doppelsinn des Wortes »Spiel« liefert uns bereits einen Hinweis).

Eines der Kinder steht kerzengerade und unbeweglich da, auf seinen Schultern trägt es einen psalmodierenden Knaben; ein paar Kinder haben sich zu Boden geworfen. Averroes sieht sogleich, daß der Knabe auf den Schultern des Spielgefährten ein Muezzin sein soll, der Träger ein Minarett, und daß die auf dem Boden Liegenden die Beter imitieren, aber er bringt, was er sieht, nicht mit dem (für ihn inexistenten) Begriff Komödie in Verbindung; am Abend desselben Tages berichtet ihm ein aus Syrien zurückgekehrter Freund von einer Art liturgischer Zeremonie, bei der die Leute die Sieben Schläfer der christlichen Legende waren und ein Hund deren Hund war, aber Averroes geht noch immer kein Licht auf. »Haben sie gesprochen?« – »Ja, sie haben gesprochen.« – »Ich frage mich, warum. Ein Rezitator hätte genügt.« So bleibt der Begriff der Tragödie ihm weiterhin fremd, auch dann noch, als er erfahren wird, daß während seiner Abwesenheit seine Lieblingssklavin von den anderen Frauen mißhandelt worden ist. Er wird sterben ohne dieses Wissen. Die arabische Welt, die im Mittelalter die Philosophie der Griechen bewahrt und verbreitet hat, bleibt für die griechische Komödie und Tragödie verschlossen.

Eine dritte Erzählung, ›Die Theologen‹, in der Borges die Irrlehren zur Zeit des spätrömischen Reichs aufs Korn nimmt, zielt mehr auf die Substanz der Ideen ab. Der streng orthodoxe Theologe Johannes von Pannonien bekämpft die schändliche Theorie von der Ewigen Wiederkehr, die von der Sekte der sogenannten Monotonoi vertreten wird. Ein gewisser Aurelian will Johannes zuvorkommen und als erster eine Widerlegung veröffentlichen, was ihm jedoch nicht gelingt. Während eines Konzils überzeugt Johannes von Pannonien seine Zuhörer und läßt den Ketzer Euphorbos zum Feuertod verurteilen. Doch bald breitet sich eine andere Irrlehre aus, die der Einmaligkeit und der Ewigkeit des Augenblicks huldigte. Johannes von Pannonien hatte sich in seinem Kampf gegen die Monotonoi wie zum Spaß einiger Argumente dieser Leute bedient. Aurelian entdeckte prompt diese vergessene Stelle im Werk seines Rivalen und ließ Johannes als Mitglied der Sekte der Histrionen, der Gegenspieler jener Sekte, die beide Männer einst bekämpft hatten, verurteilen. Johannes von Pannonien wurde verbrannt. Aurelian war Zeuge der Hinrichtung. Wenig später fand Aurelian durch einen Unfall den Tod in den Flammen. Er fuhr zum Himmel auf und entdeckte angewidert, daß Johannes von Pannonien und Aurelian für Gott ein und derselbe Mensch waren.

Hier geht es nicht mehr um einzelne Wörter, sondern um einen Kampf der Ideen; man begegnet einem von Borges' Hauptgedanken, dem Gedanken nämlich, daß jeder Mensch ein anderer und letztlich jeder Mensch sei. Vor allem zeigt er die Albernheit aller theologischen Fehden. (»Was sind die Wundergeschichten eines H. G. Wells und Edgar Allen Poe verglichen mit der Erfindung Gottes, der komplizierten Theorie von einem Wesen, das auf irgendeine Weise drei ist und außerhalb der Zeit einsam fortdauert? Was ist das Einhorn verglichen mit der Dreifaltigkeit? Was ist Apulejus gegen die Buddha-Multiplikatoren des Großen Fahrzeugs? Was sind die Nächte Scheherezades verglichen mit einer Beweisführung Berkeleys?«*) Anatole France hätte mit sanfter Ironie ungefähr das gleiche gefragt. Diese Ironie fehlt auch in den ›Theologen‹ nicht, vorherrschend ist jedoch der Horror vor gewissen Gaukelspielen des menschlichen Gehirns.

Hier muß nochmals darauf hingewiesen werden, daß der blinde Seher seinen klaren Blick und sein Gefühl für Proportionen nirgends besser beweist als in den sogenannten »phantastischen« Geschichten. ›Die kreisförmigen Ruinen‹ stören (zumindest mich) ein wenig durch ihre allzu konstruierten Dekors. Der Protagonist, der sich müht (wie der Rabbi von Prag im Gedicht ›Der Golem‹), einen Menschen zu erschaffen, erschafft oder erträumt nur ein rudimentäres Gebilde, einen Schatten, und fragt sich am Ende, ob nicht er selber bei-

* *Diskussionen*, Anmerkung über *Leslie D. Weatherhead: After Death*

des sei. ›Das Aleph‹ kann nur die Vision eines Verzückten sein; ›Deutsches Requiem‹, eine Analyse der Mentalität eines Nazi-Henkers, behandelt das Thema des damals – und leider noch immer – alltäglichen Grauens. ›Der Zahir‹ und ›Die Inschrift Gottes‹ können sich beide aus einer Obsession erklären lassen, ohne Zuhilfenahme übernatürlicher Elemente. In anderen Erzählungen von märchenhafter Schönheit geht es um die Zeit, die ad infinitum verdichtete und verlängerte Zeit: zum Beispiel in ›Der Unsterbliche‹, der kein Mensch ist, sondern die ganze Menschheit, oder in ›Das geheime Wunder‹, worin für einen Sterbenden ein paar Minuten zu einem Jahr werden. Auch der Raum kann zur Zentralfigur werden. In der ›Bibliothek von Babel‹ (vermutlich die Nachbildung der Bibliothek von Buenos Aires, in der Borges herumirrt, ohne die Bücher lesen zu können) erreicht er die unendlichen und geschlossenen Proportionen eines Piranesi und der Träume Coleridges. ›Das Geheimnis‹, ›Der Kongreß‹, ›Die Phoenix-Sekte‹ und ein paar weitere Erzählungen schildern bis ins Detail das Treiben einer Bruderschaft oder einer Sekte, aber so, daß einem am Ende klar wird: Es geht um die menschliche Spezies im allgemeinen. ›Die Lotterie in Babylon‹ ist das Spiel, an dem jeder Lebende sich unweigerlich beteiligt. Eine Erzählung, die Borges selbst als Pastiche auf Edgar Allen Poe bezeichnet und in der ein Science-fiction-Monster lauert, flößt uns ein entsprechendes Gruseln ein; eine andere, die der Autor wegen ihrer traurigen Aufrichtigkeit schätzt, leidet an der Schemenhaftigkeit, die typisch ist für jede Zukunftsliteratur: Diese Menschen, die noch Jahrhunderte von uns entfernt sind und vermutlich in keiner Weise dem Bild entsprechen werden, das wir uns von ihnen machen, scheinen noch nicht Fleisch und Blut zu haben. Schatten, die keine Schatten werfen. Sehen wir auch ab von zwei Erzählungen, die durch gelehrte Gaukelspielereien verwirrt und durch eine kriminalistische Auflösung entwirrt werden; verweilen wir bei der bekanntesten, die in gewissem Sinne alle anderen zusammenfaßt: ›Das Sandbuch‹. Die ganze Erzählung ist phantastisch, besser gesagt symbolisch, denn sie gründet auf dem Besitz eines magischen Gegenstands, der nicht danach aussieht: ein zerfledderter und in Indien schlecht gedruckter Oktavband. Die Zeilen, die Seiten, die Vignetten, die Paginierung am oberen Seitenrand, die übrigens willkürlich plaziert ist, alles fließt dauernd ineinander. »Schauen Sie sich diese Seite gut an, Sie werden sie nie wieder sehen«, sagt der Händler eindringlich. In der Tat wird der Käufer nie wieder die Seite 42514 finden, auf die unmittelbar die Seite 999 folgt. Er wird auch nie mehr die Seite sehen, auf der eine Maske abgebildet war, rechts darüber eine in die neunte Potenz erhobene Zahl. Voll Entsetzen erwägt er, diese »Obszönität« zu verbrennen, fürchtet jedoch, ein unendliches Buch könnte mit seinen Flammen das ganze Weltall in Brand setzen. Er stopft es heimlich in das Kellerregal einer Bibliothek, aber wir wissen, daß er nie aufhören wird, Seite für Seite darin zu blättern, so, wie wir alle es tun, ebenso planlos, denn genau das ist unser Leben. Das chaotische Sandbuch mit seinen ineinanderfließenden Zeilen und Seiten ist die allegorische Darstellung des Lebens.

Die in Argentinien und unter Argentiniern spielenden Erzählungen sind von bitterer Realistik, auch wenn gelegentlich Elemente der Science-fiction oder Zukunftsliteratur ein paar Seiten einnehmen. Eine einzige – ›Die Begegnung‹ – bezieht ihre ganze Kraft aus dem Wunder und dem Übernatürlichen. Zwei Klingen, die einst zwei Todfeinden gehörten, ruhen in der Vitrine eines Sammlers. Die beiden Mörder sind längst gestorben, der eine bei irgendeiner Messerstecherei, der andere eines natürlichen Todes. Aber die beiden in der Vitrine nebeneinander liegenden Klingen vibrieren, sobald eine Menschenhand sie berührt. Sie zwingen zwei Herren, gute Bekannte, friedliche Nachbarn, die nie ein Messer schwangen, nicht einmal den Degen zu führen wüßten, sich in einem grauenhaften Kampf auf Leben und Tod aufeinander zu stürzen. Der eine wird getötet, der andere, völlig verstört, entzieht sich der Strafverfolgung, da die Zeugen gelogen und der Behörde versichert haben, es habe sich nur um ein Duell gehandelt, wie es unter Herren von Welt üblich sei (alles geht gut, wenn man höheren Orts Freunde hat). In Wahrheit kämpften die Waffen gegeneinander, die Menschen waren nur ihre Werkzeuge. »In ihrem Schlaf wachte ein menschlicher Haß.« Und wer weiß, ob nicht – höchster Ausdruck des Messer-Themas – eines Tages auch ein Duell zwischen denselben Waffen, geführt von anderen Händen, stattfinden wird? ›Die Nacht der Gaben‹, worin ein junger Mann in einem Bordell in einer einzigen Nacht die Grausamkeit, die Liebe und den Tod kennenlernt; ›Das andere Duell‹, ein gräßlicher Kriminalfall, oder sogar der ›Mann von Esquina Rosada‹, erschöpfen nur unsere Emotionen, weiter nichts. ›Der Süden‹, der sich zur endlosen Pampa öffnet, die fast so kahl ist wie die subpolaren Weiten, hält eine Überraschung für uns bereit. Ein gewisser Dahlmann, braver Beamter, wird nach einer schweren Blutvergiftung von den Ärzten zur Erholung auf die bescheidene Estancia geschickt, die er von seinen Eltern geerbt und von der er oft geträumt hatte, ohne je Gelegenheit zu einer Reise dorthin zu finden. Die Entfernung ist groß, der Zug fährt über das flache Land, auf dem kaum ein paar Gehöfte zu sehen sind. Der gerade erst aus dem Krankenhaus Entlassene genießt die Fahrt und freut sich auf die nahen Ferien. Doch es ereignet sich ein kleiner Zwischenfall: der Zugschaffner eröffnet ihm, daß der Zug an der gewünschten Station nicht halte und der Reisende aussteigen und ein paar Kilometer zu Fuß bis zum nächsten Bahnhof gehen müsse, wo er einen Wagen bis zu seinem Ziel nehmen könne. Dahlmann erscheint dieser Fußmarsch nach zwei langen Tagen in der Eisenbahn als Vergnügen. An der nächsten Station, einem schlichten Schuppen, wie üblich, aber mit einem Buffet, bestellt er sich eine Mahlzeit. Erster, an einem solchen Ort durchaus banaler Vorfall: Ein sehr alter Landarbeiter hockt auf der Erde, den Rücken an die Wand gelehnt. Zweiter, noch banalerer Vorfall: Drei angetrunkene Burschen lassen sich am Nebentisch nieder. Sie spotten über den Unbekannten.

Wo kommt der denn her? »Kümmern Sie sich nicht um diese Burschen, Señor Dahlmann«, sagt der Wirt. »Sie sind betrunken.« Und Dahlmann tut, als lese er weiter. Aber bald treffen ihn Brotkügelchen im Gesicht, er muß sich diese Beleidigung verbitten. Er steht auf. Einer der Flegel steht ebenfalls auf, er hat ein Messer. In seiner Panik hebt Dahlmann mechanisch die Klinge auf, die der zerlumpte Landarbeiter ihm vor die Füße geworfen hat. Er weiß sofort, daß er sein Todesurteil unterschrieben hat. Der Trunkenbold wird es als gutes Recht betrachten, auf ihn loszugehen, da auch er eindeutig bewaffnet ist. Was hilft's, daß er kaum weiß, wie man ein Messer hält. Beleidiger und Beleidigter gehen zusammen ins Freie. Es folgt, was folgen muß. Doch ein Gedanke durchzuckt das Opfer während dieses letzten Gangs: Der Wirt, der ihn gewarnt hat, hat ihn Señor Dahlmann genannt. Wie konnte der Mann in dieser entlegenen Gegend seinen Namen kennen? Vielleicht deliriert Dahlmann, der in fünf Minuten tot sein wird, und der Wirt hat ihn nicht beim Namen genannt? Oder wie, wenn diese ganze tödliche Schlußszene selbst nur ein Traum wäre? Sogar die ganze Reise? Wenn Dahlmann, der seit zwei Tagen vom Fieber eingelullt war, in diesem Augenblick, Tausende Meilen entfernt in einer Klinik in Buenos Aires in Agonie lag? Das Leben ist ein Traum.

*

La vida es sueño. Dem stimmen wir alle zu. Calderón, Shakespeare und Pindar haben es bereits gesagt. Borges selbst hat einen Traum erzählt, einen wirklichen, wie er sagt, worin ein Freund, der geschwächt und krank vor seiner Tür stand und dem er aus Mitleid öffnete, einen Revolver zog. »Ich werde Sie töten, Sie haben keine Möglichkeit, mir zu entrinnen.« – »Doch«, erwidert Borges, »ich habe eine Möglichkeit.« – »Und welche?« – »Ich wache auf.« Der Besucher ist nur ein Traum. Doch wenn das ganze Leben ein Traum ist, wird der

Tod dann nicht ein Erwachen sein? Wie immer bei Borges fließen die beiden Möglichkeiten ineinander, sind vertauschbar. Leben und Tod sind Teil des Sandbuchs.

Aus dem Französischen von
Rolf und Hedda Soellner

In Buenos Aires, um 1974

Daten
zu Leben und Werk

1899 24. August: Jorge Francisco Isidoro Luis Borges Acevedo in Buenos Aires geboren; Vater Jorge Guillermo Borges Haslam (1873–1938), Mutter Leonor Acevedo Haedo (1876–1975).

1914 Fortschreitende Erblindung zwingt den Vater (Anwalt und Dozent für Psychologie), den Beruf aufzugeben; Reise nach Europa, wo er Augenspezialisten konsultieren will. Beginn des Ersten Weltkriegs; die Familie läßt sich in Genf nieder, wo Jorge Luis Borges (JLB) Französisch, Latein und Deutsch lernt.

1919 Reise nach Mallorca und Spanien (u.a. Sevilla und Madrid); JLB lernt einige der wichtigsten spanischen Autoren kennen, Mitarbeit bei Zeitschriften, schreibt Essays (*Los naipes del tahúr,* ›Die Karten des Zinkers‹, unterdrückt/verschollen) und Gedichte (unterdrückt; repr. Barcelona 1978: Carlos Meneses – Hg. –, *Poesía juvenil de J.L. Borges 1919–1922*).

1921 Rückkehr nach Buenos Aires, Mitarbeit in diversen literarischen Zirkeln und Zeitschriften, Gründung der Wandzeitung ›Prisma‹.

1922 Gründung der Zeitschrift ›Proa‹, ›Bug‹.

1923 Veröffentlichung des Gedichtbandes *Fervor de Buenos Aires,* ›Buenos Aires mit Inbrunst‹; zweite Europareise.

1924 Neuveröffentlichung von ›Proa‹, Mitarbeit bei der Zeitschrift ›Martín Fierro‹.

1925 Erscheinen des zweiten Gedichtbandes *Luna de enfrente,* ›Mond gegenüber‹, und des später unterdrückten Essaybandes *Inquisiciones,* ›Inquisitionen‹.

1926 Erscheinen des Essaybandes *El tamaño de mi esperanza,* ›Das Ausmaß meiner Hoffnung‹, unterdrückt.

1927 In ›Martín Fierro‹ erscheint eine frühe Fassung der Erzählung ›Mann von Esquina Rosada‹ als *Noticia Policial*, ›Polizeimeldung‹.

1928 Der später unterdrückte Essayband *El idioma de los argentinos*, ›Die Sprache der Argentinier‹, enthält u.a. als *Hombres pelearon*, ›Männer kämpften‹, eine zweite Fassung von ›Mann von Esquina Rosada‹. Der Titelessay wurde 1953 separat nachgedruckt.

1929 Gedichtband *Cuaderno San Martín*, ›Notizheft San Martín‹.

1930 *Evaristo Carriego*, Monographie über einen bonaerenser Volksdichter. Beginn der Freundschaft zwischen JLB und Adolfo Bioy Casares.

1931 Victoria Ocampo gründet die Zeitschrift ›Sur‹, zu deren wichtigsten Mitarbeitern JLB von Anfang an gehört.

1932 Erscheinen des Essaybandes *Discusión*, ›Diskussionen‹.

1933 JLB betreut (bis 1934) die Literaturbeilage der Zeitung ›Crítica‹, wo er Essays und Erzählungen (unter dem Pseudonym Francisco Bustos) veröffentlicht.

1935 Erscheinen der Erzählungen aus ›Crítica‹ in Buchform, *Historia universal de la infamia*, ›Universalgeschichte der Niedertracht‹.

1936 Erscheinen des Essaybandes *Historia de la eternidad*, ›Geschichte der Ewigkeit‹. JLB schreibt Essays und Rezensionen für die Zeitschrift ›El Hogar‹ (bis 1939).

1937 *Antología clásica de la literatura argentina*, herausgegeben von JLB und Pedro Henríquez Ureña.

1938 Tod des Vaters; JLB arbeitet als Angestellter in einer Vorortbibliothek. Übersetzt Kafkas *Verwandlung*.

1940 Heirat von Adolfo Bioy Casares und Silvina Ocampo; JLB ist Trauzeuge. JLB, Bioy und Silvina Ocampo edieren *Antología de la literatura fantástica*.

1941 JLB übersetzt *Ein Barbar in Asien* von Michaux, ediert mit Bioy und Silvina Ocampo *Antología poética argentina*, veröffentlicht die ersten phantastischen Erzählungen,

El jardín de senderos que se bifurcan, ›Der Garten der Pfade, die sich verzweigen‹.

1942 Als H. Bustos Domecq veröffentlichen JLB und Bioy *Seis problemas para don Isidro Parodi*, ›Sechs Aufgaben für Don Isidro Parodi‹, Kriminalgeschichten. ›Sur‹ bringt eine Sondernummer zu Ehren von JLB.

1943 Sammelband *Poemas 1923–1943*; mit Bioy gibt JLB heraus *Los mejores cuentos policiales*, ›Die besten Kriminalgeschichten‹.

1944 *El jardín de senderos …*, vermehrt um die Texte von *Artificios*, ›Kunststücke‹, veröffentlicht als *Ficciones*; das Buch gilt heute als das wichtigste einzelne Werk hispanischer Prosa des 20. Jahrhunderts und Auslöser der gesamten modernen lateinamerikanischen Literatur (»Magischer Realismus« etc.). Übersetzt *Bartleby* (Melville) und *Wilde Palmen* (Faulkner).

1945 JLB erhält den Großen Ehrenpreis des argentinischen Schriftstellerverbands S.A.D.E. Mit Silvina Bullrich gibt JLB eine Anthologie über ›Krakeeler und Messerhelden‹ heraus, *El compadrito*. Machtantritt von Juan Domingo Perón.

1946 JLB und Bioy veröffentlichen als B. Suárez Lynch *Un modelo para la muerte*, ›Ein Modell für den Tod‹, und *Dos fantasías memorables*, ›Zwei denkwürdige Phantasien‹. JLB wird aus der Bibliothek entlassen, da er sich gegen Perón stellt; beginnt Vorträge zu halten und gründet eine neue literarische Zeitschrift, ›Anales de Buenos Aires‹, in der er Gedichte, Erzählungen und Essays publiziert, teils unter Pseudonym.

1948 Übersetzung von *Orlando* (Virginia Woolf).

1949 Erste Ausgabe der Erzählungen *El Aleph*, ›Das Aleph‹. Übersetzung mehrerer Werke von Schwob, Carlyle und Emerson. JLB wird Mitglied der »Academia Goetheana« von São Paulo.

1950 JLB Präsident des argentinischen Schriftstellerverbands (bis 1953), Dozent für Englische Literatur.

1951 *La muerte y la brújula*, Erzählungen, ›Der Tod und der Kompaß‹. Mit Delia Ingenieros ediert er *Antiguas literaturas germánicas*, mit Bioy eine zweite ergänzte Ausgabe von *Los mejores cuentos policiales*.

1952 Es erscheinen die Essays *Otras inquisiciones*, ›Befragungen/Inquisitionen‹, und die endgültige ergänzte Ausgabe der Erzählungen *El Aleph*.

1953 Mit Margarita Guerrero veröffentlicht JLB *Martín Fierro* (Textausgabe von Essays über das argentinische Nationalepos). Beginn des Erscheinens seiner *Obras completas* in Einzelbänden.

1954 *Poemas 1923–1953*.

1955 Perón gestürzt; die Revolutionsregierung ernennt JLB zum Direktor der Nationalbibliothek. Er erhält Lehrstuhl für Englische Literatur, wird Mitglied der Academia Argentina de Letras. Veröffentlicht mit Betina Edelberg *Leopoldo Lugones*, mit Luisa M. Levinson *La hermana de Eloísa*, mit Bioy die Anthologien *Cuentos breves y extraordinarios*, ›Kurze und außerordentliche Geschichten‹, *Poesía gauchesca*, ›Gauchodichtung‹, sowie die Drehbücher *Los orilleros*, ›Die Leute vom Stadtrand‹, und *El paraíso de los creyentes*, ›Das Paradies der Gläubigen‹.

1956 Ernennung zum Ordinarius für Englische Literatur an der Philosophischen Fakultät der Universität Buenos Aires; Dr.h.c. der Universität Cuyo, Mendoza; Nationalpreis für Literatur. Fortschreitende Erblindung.

1957 JLB und Margarita Guerrero: *Manual de zoología fantástica*, ›Handbuch der phantastischen Zoologie‹, später ergänzt, vgl. unter 1968.

1958 Neue Ausgabe der Gedichte, *Poemas 1923–1958*.

1960 *El Hacedor*, ›Borges und ich‹, Gedichte und Kurzprosa; mit Bioy *Libro del cielo y del infierno*, ›Das Buch von Himmel und Hölle‹.

1961 Internationaler Verlegerpreis Formentor verliehen an Samuel Beckett und JLB; damit beginnt dessen internationale Rezeption; Auszeichnungen durch Italien (Commendatore) und Vortragsreise durch Universitäten in den USA. Es erscheint *Antología personal*.

1962 Commandeur de l'Ordre des Lettres et des Arts (Frankreich); Uraufführung des Films *Hombre de la esquina rosada* nach der gleichnamigen Erzählung (Regie René Mugica).

1963 Auf Einladung verschiedener Kultureinrichtungen reist JLB nach Europa und hält Vorträge u.a. in London, Madrid, Paris, Genf, Oxford, Cambridge, Edinburgh. Großer Preis des Fondo Nacional de las Artes, Buenos Aires; Dr.h.c. der Universidad de los Andes, Kolumbien.

1964 Auf Einladung des Kongresses für die Freiheit der Kultur besucht JLB die Bundesrepublik Deutschland und nimmt in Berlin an einem internationalen Schriftstellerkongreß teil, u.a. mit Guimaraes Rosa, Miguel Ángel Asturias, Eduardo Mallea und Günter Grass. Die UNESCO lädt ihn zusammen mit Giuseppe Ungaretti ein, an der Feier zu Ehren Shakespeares in Paris teilzunehmen. Reisen nach England, Schweden, Dänemark und Spanien. Die Zeitschrift ›Cahiers de l'Herne‹ widmet ihm eine unfangreiche Sondernummer. JLB veröffentlicht den Gedichtband *El otro, el mismo*, ›Der Andere, der Selbe‹.

1965 JLB Mitglied des Order of the British Empire. Der italienische Botschafter überreicht ihm die Goldmedaille des IX. Poesiepreises der Stadt Florenz. Im November verleiht die peruanische Regierung ihm den Orden del Sol. Mit María Esther Vázquez veröffentlicht er eine durchgesehene und erweiterte Ausgabe der *Literaturas germánicas medievales*. Ferner erscheinen die Gedichte *Para las seis cuerdas*, ›Für die sechs Saiten‹, sowie die Erzählung *La intrusa*, ›Eindringling‹, später aufgenommen in *El informe de Brodie*.

1966 JLB ordnet seine *Obra poética* neu (1923–1966). Der

Rat der Stadt Mailand ehrt ihn mit der Verleihung des IX. Internationalen Preises Madonnina. Die Ingram Merril Foundation, New York, verleiht ihm den mit US$ 5000 dotierten Literaturpreis von 1965.

1967 JLB veröffentlicht *Introducción a la literatura norteamericana* mit Esther Zemborain de Torres und *Crónicas de Bustos Domecq*, ›Chroniken von Bustos Domecq‹, mit Adolfo Bioy Casares. Am 21. September heiratet er seine Jugendfreundin Elsa Astete Millán. Mit ihr reist er in die USA, wo ihn die Universität Harvard für das akademische Jahr 1967/68 zum Professor für Dichtkunst ernennt.

1968 In Boston wird JLB zum ausländischen Ehrenmitglied der Academy of Arts and Sciences ernannt. Am 22. Mai überreicht der italienische Botschafter ihm die Insignien des Verdienstordens der Italienischen Republik als Gran Ufficiale. Veröffentlicht *Nueva Antología personal* und *El libro de los seres imaginarios*, eine erweiterte Ausgabe des *Manual de zoología fantástica*, ›Einhorn, Sphinx und Salamander‹. Hugo Santiago produziert den Film *Invasión*, nach einem Drehbuch von Bioy Casares und JLB.

1969 JLB reist auf Einladung der israelischen Regierung nach Tel Aviv und Jerusalem. In New York wird der Dokumentarfilm *The Inner World of Jorge Luis Borges* uraufgeführt. Erscheinen eines neuen Buches mit Gedichten und Prosatexten, *Elogio de la sombra*, ›Lob des Schattens‹. Der französische Regisseur Alain Magrou verfilmt JLBs Erzählung *Emma Zunz*.

1970 JLB übersetzt Walt Whitmans *Leaves of Grass* und veröffentlicht einen neuen Erzählband, *El informe de Brodie*, ›David Brodies Bericht‹. In Brasilien erhält er den Interamerikanischen Literaturpreis Matarazzo Sobrinho, dotiert mit US$ 25000. Im Oktober stellt eine Weltumfrage des ›Corriere della Sera‹ aus Mailand fest, daß Borges mehr Stimmen als Kandidat für den

Mit Ernesto Sábato in Rom, 1970

Nobel-Preis erhält als Solschenizyn, dem die Schwedische Akademie den Preis zuspricht. JLB wird Mitglied der Hispanic Society of America, New York. Er trennt sich von seiner Frau. Unter dem Titel *Strategia del ragno* verfilmt Bernardo Bertolucci JLBs Erzählung ›Thema vom Verräter und vom Helden‹.

1971 Reisen in die USA, nach Island, Israel, Großbritannien. Ehrungen: Dr. h. c. der Columbia University, an der JLB mit Norman Thomas di Giovanni Seminare abhält;

Ehrenmitglied der Academy of Letters und des National Institute of Arts and Letters der Vereinigten Staaten; Dr.h.c. der Universität Oxford; Mitglied des Institute of Contemporary Art, London; Preis der Stadt Jerusalem. Es erscheint die lange Erzählung *El congreso*, ›Der Kongreß‹, später aufgenommen in *El libro de arena*.

1972 Erscheinen eines neuen Buches in Prosa und Versen: *El oro de los tigres*, ›Das Gold der Tiger‹. Im März beginnt JLB einen Kurs über lateinamerikanische Literatur an der Universität New Hampshire in Durham. Dr.h.c. der University of Michigan, außerdem Mitglied des Jüdischen Museums von Buenos Aires.

1973 Die Stadt Buenos Aires macht JLB zum Ehrenbürger. Reise nach Spanien, wo er vor der Real Academia Española spricht. Als 18 Jahre nach seinem Sturz Perón durch Wahlen wieder an die Macht kommt, legt JLB sein Amt als Direktor der Nationalbibliothek nieder. Seine unveränderte Opposition gegen Perón führt zu erbitterten Kontroversen. Im Dezember reist er nach Mexiko, wo er den Preis Alfonso Reyes in Empfang nimmt. Hugo Santiago verfilmt in Frankreich *Les autres*, Drehbuch JLB und Bioy.

1975 Im März erscheint *El libro de arena*, ›Das Sandbuch‹. In Italien beginnt der Verleger Franco Maria Ricci eine Sammlung unter dem Titel *La Biblioteca di Babele* mit JLBs »Lieblingsautoren« (später u.a. auch in Spanien und Deutschland). Tod von JLBs Mutter. Es erscheinen *La rosa profunda*, ›Die tiefe Rose‹, und *Prólogos*, ›Vorworte‹. Der Argentinier Ricardo Luna verfilmt *Los orilleros*, Drehbuch JLB und Bioy.

1976 Es erscheinen *La moneda de hierro*, ›Die eiserne Münze‹, sowie *El libro de los sueños*, ›Buch der Träume‹, und *¿Qué es el Budismo?*, ›Was ist der Buddhismus?‹, beides zusammen mit Alicia Jurado. Die chilenische Regierung verleiht JLB das Großkreuz des Verdienstordens Bernardo O'Higgins. – Nach bürgerkriegsähnlichen Unruhen und katastrophalem Niedergang der Wirtschaft putschen Argentiniens Militärs gegen die »Erb-Präsidentin«, Peróns Witwe. Wie 1955 begrüßt JLB zusammen mit den meisten Argentiniern diese neue »Revolution der Befreiung«, distanziert sich jedoch später von der Junta, als diese die Macht nicht abgibt und das Ausmaß der Menschenrechtsverstöße bekannt wird.

1977 Reisen nach Frankreich, Italien und Griechenland. Es erscheinen *Nuevos cuentos de Bustos Domecq*, ›Neue Geschichten von Bustos Domecq‹ (mit Bioy Casares), sowie *Historia de la noche*, ›Geschichte der Nacht‹, und *Rosa y azul*, ›Rose und blau‹. JLB erhält die Medaille der Stadt Paris.

1978 Dr. h. c. der Sorbonne; diverse Reisen, u. a. nach Genf und Ägypten.

1979 Es erscheinen *Obras completas en colaboración* (›Sämtliche Werke »in Zusammenarbeit«‹) und *Borges, oral*, ›Borges, mündlich‹. JLB erhält das Große Verdienstkreuz der Bundesrepublik Deutschland.

1980 Zusammen mit Gerardo Diego erhält JLB den wichtigsten spanischen Literaturpreis, Premio Cervantes. Es erscheint *Siete noches*, ›Sieben Nächte‹.

1981 Reise nach Rom, wo JLB aus der Hand des italienischen Präsidenten Sandro Pertini den Preis Balzan empfängt. Im Mai wird ihm in Mexiko der Preis Ollin Yolizti verliehen. Im Juni Dr. h. c. der Harvard University, später auch Dr. h. c. der Universität von Puerto Rico. Es erscheint *La cifra*, ›Die Ziffer‹.

1982 Reisen in die USA, Schweiz und nach Deutschland. Veröffentlichung von *Nueve ensayos dantescos*, ›Neun danteske Essays‹.

1983 JLB wird Commandeur der französischen Ehrenlegion.

1984 Reisen u. a. nach Sizilien, Griechenland, Kreta (wo er an einem Symposium über Labyrinthe teilnimmt),

In Deutschland, 1982

USA, Spanien, Portugal, Marokko. Es erscheint *Atlas*, ein Band mit Fotos und Kurztexten.

1985 JLBs letztes Werk zu Lebzeiten, der Gedichtband *Los conjurados*, ›Die Verschworenen‹. Im Dezember zieht JLB mit seiner langjährigen Mitarbeiterin, Reisebegleiterin und Sekretärin Maria Kodama nach Genf.

1986 Da laut Konkordat in Argentinien eine zweite Ehe nicht möglich ist, heiraten JLB und Maria Kodama am 22. April telegraphisch und per Bürgen in Asunción, Paraguay. Am 14. Juni stirbt Jorge Luis Borges in Genf. Im September erscheint der Band *Textos Cautivos* mit Essays und Rezensionen aus den Jahren 1936 bis 1939.

1988 Veröffentlichung von *Biblioteca Personal*, ›Persönliche Bibliothek‹, mit Kurz-Essays und Vorworten zu JLBs Lieblingsautoren.

Buenos Aires, Calle Maipú, 1970

Jorge Luis Borges
Epilog

Auf die Gefahr hin, einen Anachronismus zu begehen – ein vom Strafgesetzbuch nicht vorgesehenes, jedoch von der Wahrscheinlichkeitsrechnung und der Gewohnheit verurteiltes Delikt –, sei eine Eintragung in der *Enciclopedia Sudamericana* zitiert, die im Jahre 2074 in Santiago de Chile veröffentlicht werden wird. Wir haben einen womöglich verletzenden Absatz ausgelassen und die den Ansprüchen des modernen Lesers nicht immer angepaßte Schreibweise antiquiert. Hier der Wortlaut:

»Borges, José Francisco Isidoro Luis: Autor und Autodidakt, geboren im Jahre 1899 in der Stadt Buenos Aires, damals Hauptstadt Argentiniens. Das Datum seines Todes ist unbekannt, da die Zeitungen, eine literarische Gattung der Epoche, im Verlauf der gewaltigen Konflikte, über welche die örtlichen Geschichtsschreiber zur Zeit Kompendien erstellen, verschwunden sind. Sein Vater war Dozent für Psychologie. Er war Bruder von Norah Borges. Seine Liebhabereien waren die Literatur, die Philosophie und die Ethik. Beweis für das erste sind die erhaltenen seiner Arbeiten, die allerdings bestimmte unheilbare Beschränktheiten verraten. Zum Beispiel ist es ihm trotz dauernden Umgangs mit Quevedo nie gelungen, die spanische Literatur zu mögen. Er teilte die These seines Freundes Luis Rosales, der Verfasser der unerklärlichen *Trabajos de Persiles y Segismunda* hätte nie den *Quijote* zu schreiben vermocht. Überdies hat dieser Roman als einer von wenigen Borges' Nachsicht verdient; andere sind die von Voltaire, von Stevenson, von Conrad und die von Eça de Queirós. Er gefiel sich in Erzählungen, ein Zug, der uns an Poes Urteil erinnert: ›*There is no such thing as a long poem*‹, was die poetischen Gepflogenheiten gewisser orientalischer Völker bestätigen. Was die Metaphysik betrifft, so brauchen wir nur an einen gewissen *Schlüssel zu Baruch Spinoza* aus dem Jahre 1975 zu erinnern. Er hat Vorlesungen an den Universitäten von Buenos Aires, von Texas und von Harvard gehalten, ohne anderen offiziellen Titel als ein vages Genfer Abitur, das die Kritik noch immer untersucht. Er war Doktor *honoris causa* von Cuyo und Oxford. Eine Überlieferung will wissen, er habe bei Prüfungen nie eine Frage gestellt und die Studenten aufgefordert, einen beliebigen Aspekt des Themas zu wählen und zu behandeln. Er forderte keine Jahreszahlen mit der Begründung, er selber wisse sie nicht. Er verabscheute die Bibliographie, die den Studenten von den Quellen entferne.

Gern gehörte er dem durch seinen Namen ausgewiesenen Bürgertum an. Plebs und Aristokratie, beide dem Geld, dem Spiel, dem Sport, dem Nationalismus, dem Erfolg und der Publizität ergeben, waren für ihn fast identisch. Um 1960 trat er in die Konservative Partei ein, weil sie – wie er sagte – ›fraglos als einzige keine Fanatismen weckt‹.

Das durch einen Wust von Monographien und Polemiken verbriefte Ansehen, das Borges zu Lebzeiten genoß, versetzt uns heute nicht ohne Grund in Erstaunen. Wie verlautet, war er selbst als erster erstaunt und fürchtete immer, man werde ihn zum Betrüger oder Scharlatan oder zu einem eigentümlichen Gemisch aus beidem erklären. Untersuchen wir die Gründe für dieses Ansehen, das uns heute geheimnisvoll anmutet.

Zunächst darf nicht vergessen werden, daß Borges' Jahre dem Niedergang seines Landes entsprachen. Er entstammte einem Geschlecht von Militärs und sehnte sich nach dem epischen Schicksal seiner Vorfahren. Für ihn war Tapferkeit eine der wenigen Tugenden, deren Menschen fähig sind, doch deren Kult verführte ihn wie so viele andere zur unbesonnenen Verehrung der Männer der Unterwelt. So ist seine meistgelesene Geschichte ›Mann von Esquina Rosada‹, deren Erzähler ein Mörder ist. Er hat Texte für Milongas verfaßt, die artverwandte Totschläger feiern. Seine volkstümlichen Strophen, ein Echo Ascasubis, graben das Andenken an wohlweislich vergessene Messerstecher aus. Er hat eine pietätvolle Biographie über einen gewissen minderen Dichter geschrieben, dessen einzige Leistung in der rhetorischen Auswertung des Mietskasernenjargons besteht. Die Schwankdichter hatten bereits eine Welt aufgebaut, die im wesentlichen die von Borges war, doch vermochten gebildete Leute deren Schaustellungen nicht ruhigen Gewissens zu genießen. Es ist verzeihlich, daß sie jemandem Beifall klatschten, der ihnen diesen Geschmack zugestand. Sein heimlicher und vielleicht unbewußter Wunsch war es, die Mythologie eines Buenos Aires zu ersinnen, das es nie gegeben hat. So trug er, ohne es zu wissen und zu ahnen, im Verlauf der Jahre zum Lobpreis der Barbarei bei, der im Kult des Gaucho und von Männern wie Artigas und Rosas gipfelte.

Gehen wir zur Kehrseite über. Trotz *Die seltsamen Kräfte* (1906) von Lugones war die argentinische Erzählkunst im allgemeinen nie über das Plädoyer, die Satire und die Sittenchronik hinausgelangt; unter der Vormundschaft seiner nordischen Lektüren hat Borges sie zum Phantastischen erhoben. Groussac und Reyes lehrten ihn, den Wortschatz zu vereinfachen, der damals von merkwürdigen Häßlichkeiten entstellt war: *komplexiert, Aggressivität, Alienation, Sinnsuche, Bewußtmachung, Konduktion, konjekturell, generationsbedingt, gruppenbedingt, negotiabel, promotionieren, rezipieren, sich motiviert fühlen, sich realisiert fühlen, Situationismus, Vertikalität, erlebnishaft*... Die Akademien, die von der Verwendung derartiger Scheußlichkeiten hätten abraten können, konnten sich dazu nicht entschließen. Wer sich zu diesem Jargon herabließ, rühmte gleichzeitig öffentlich Borges' Stil.

Hat Borges jemals den inneren Zwiespalt seines Loses empfunden? Wir vermuten es. Er glaubte nicht an den freien Willen und liebte es, folgenden Ausspruch von Carlyle zu wiederholen: ›Die Weltgeschichte ist ein Text, den wir unablässig lesen und schreiben müssen und in dem auch wir beschrieben werden.‹

Man konsultiere sein *Gesamtwerk*, Emecé Editores, Buenos Aires, 1974, das sich ziemlich streng an die chronologische Reihenfolge hält.«

Aus dem Spanischen von
Curt Meyer-Clason

Jorge Luis Borges
Werke in 20 Bänden
im Fischer Taschenbuch Verlag

Herausgegeben von
Gisbert Haefs und Fritz Arnold

Textgrundlage sind die Gesamtausgaben *Obras completas* (1974/1989) und *Obras completas en colaboración* (1979) sowie später veröffentlichte Einzelbände. Alle Texte sind vollständig und werden in der von Borges zuletzt bestimmten Fassung wiedergegeben. Die bisher vorliegenden Übersetzungen wurden von Gisbert Haefs revidiert bzw. ergänzt, bisher auf Deutsch unveröffentlichte Texte neu übersetzt. Die Gedichtbände sind zweisprachig. Jeder Band enthält ein editorisches Nachwort und Anmerkungen.

1 Mond gegenüber
Gedichte 1923–1929
Fervor de Buenos Aires / Buenos Aires mit Inbrunst
Luna de enfrente / Mond gegenüber
Cuaderno San Martín / Notizheft San Martín
ISBN 3-596-10577-3

2 Kabbala und Tango
Essays 1930–1932
Evaristo Carriego / Evaristo Carriego
Discusión / Diskussionen
ISBN 3-596-10578-1

3 Niedertracht und Ewigkeit
Erzählungen und Essays 1935–1936
Historia universal de la infamia / Universalgeschichte der Niedertracht
Historia de la eternidad / Geschichte der Ewigkeit
ISBN 3-596-10579-X

4 Von Büchern und Autoren
Rezensionen 1936–1939
Textos Cautivos
ISBN 3-596-10580-3

5 Fiktionen
Erzählungen 1942–1944
Ficciones
ISBN 3-596-10581-1

6 Das Aleph
Erzählungen 1949–1952
El Aleph
ISBN 3-596-10582-X

7 Inquisitionen
Essays 1952
Otras Inquisiciones; früherer Titel ›Befragungen‹
ISBN 3-596-10583-8

8 Einhorn, Sphinx und Salamander
(mit Margarita Guerrero)
Manual de zoología fantástica / *Libro de los seres imaginarios* /
Handbuch der phantastischen Zoologie 1957/1968
ISBN 3-596-10584-6

9 Borges und ich
Gedichte und Prosa 1960
El Hacedor
ISBN 3-596-10585-4

10 Die zyklische Nacht
Gedichte 1930–1965
El otro, el mismo / Der Andere, der Selbe
Para las seis cuerdas / Für die sechs Saiten
ISBN 3-596-10586-2

11 Das Buch von Himmel und Hölle
(mit Adolfo Bioy Casares)
Anthologie 1960
El libro del cielo y del infierno
ISBN 3-596-10587-0

12 Schatten und Tiger
Gedichte 1966–1972
Elogio de la sombra / Lob des Schattens
El oro de los tigres / Das Gold der Tiger
ISBN 3-596-10588-9

13 Spiegel und Maske
Erzählungen 1969–1985
El informe de Brodie / David Brodies Bericht
El libro de arena / Das Sandbuch
La memoria de Shakespeare / Shakespeares Gedächtnis
ISBN 3-596-10589-7

14 Rose und Münze
Gedichte 1973–1977
La rosa profunda / Die tiefe Rose
La moneda de hierro / Die eiserne Münze
Historia de la noche / Geschichte der Nacht
ISBN 3-596-10590-0

15 Buch der Träume
(mit Roy Bartholomew)
Anthologie 1976
El libro de los sueños
ISBN 3-596-10591-9

16 Die letzte Reise des Odysseus
Essays 1979–1982
Borges, oral / Borges, mündlich
Siete noches / Sieben Nächte
Nueve ensayos dantescos / Neun danteske Essays
ISBN 3-596-10592-7

17 Besitz des Gestern
Gedichte 1981–1985
La cifra / Die Ziffer
Los conjurados / Die Verschworenen
ISBN 3-596-10593-5

18 Persönliche Bibliothek
Vorworte 1975–1985
Prólogos / Vorworte
Biblioteca personal / Persönliche Bibliothek
ISBN 3-596-10594-3

19 Mord nach Modell
(mit Adolfo Bioy Casares)
Erzählungen 1942–1946
Seis problemas para don Isidro Parodi / Sechs Aufgaben für Don Isidro Parodi
Dos fantasías memorables / Zwei denkwürdige Phantasien
Un modelo para la muerte / Ein Modell für den Tod
ISBN 3-596-10595-1

20 Zwielicht und Pomp
(mit Adolfo Bioy Casares)
Erzählungen 1967–1977
Crónicas de Bustos Domecq / Chroniken von Bustos Domecq
Nuevos cuentos de Bustos Domecq / Neue Geschichten von Bustos Domecq
ISBN 3-596-10596-X

Abbildungsnachweis

Eduardo Comesaña (71), Leonore Mau (51), Isolde Ohlbaum (146). Alle anderen Bilder aus dem Archiv des Carl Hanser Verlages.

Drucknachweis

Jorge Luis Borges: An Autobiographical Essay
»The Aleph and other Stories« 1933–1969
Edited and translated by Norman Thomas di Giovanni
in collaboration with the author
E. P. Dutton, New York, 1978

Fritz Rudolf Fries: Die aufgehobene Zeit oder der Leser als Autor
Jorge Luis Borges / Der ewige Wettlauf zwischen Achilles und der Schildkröte
Gustav Kiepenheuer Verlag, Leipzig und Weimar, 1985

Octavio Paz: El arquero, la flecha y el blanco
(Zeitschrift) La Vuelta Nr. 117, Mexico City, August 1986

Marguerite Yourcenar: Borges ou le voyant
En Pélerin et en Étranger
Editions Gallimard, Paris 1989

Jorge Luis Borges: Epílogo
Obras Completas
Emecé Editores, Buenos Aires, 1974